한 손에 잡히는 창조과학

한 손에 잡히는 창조과학

지은이 | 이은일
초판발행 | 2008. 8. 26
13쇄 발행 | 2019. 9. 3.

등록번호 | 제3-203호
등록된 곳 | 서울시 용산구 서빙고동 95번지
발행처 | 사단법인 두란노서원
영업부 | 2078-3333 FAX 080-749-3705
출판부 | 2078-3477

▌책값은 뒤표지에 있습니다.
ISBN 978-89-531-1057-1 03230

▌독자의 의견을 기다립니다.
tpress@duranno.com   http://www.Duranno.com

두란노서원은 바울 사도가 3차 전도 여행 때 에베소에서 성령 받은 제자들을 따로 세워 하나님의 말씀으로 양육하던 장소입니다. 사도행전 19장 8-20절의 정신에 따라 첫째 목회자를 돕는 사역과 평신도를 훈련시키는 사역, 둘째 세계선교(TIM)와 문서선교(단행본·잡지)사역, 셋째 예수문화 및 경배와 찬양 사역, 그리고 가정·상담 사역 등을 감당하고 있습니다. 1980년 12월 22일에 창립된 두란노서원은 주님 오실 때까지 이 사역들을 계속할 것입니다.

한 손에 잡히는
창조과학

이은일 지음

두란노

CONTENTS

추천사 ··· 7
머리말 ··· 10

01 견고한 진 파하기 ··· 14
주제 1 교회에서 과학을 다루는 이유 ··· 14
주제 2 기원에 대한 두 가지 이론, 창조론과 진화론 ··· 20
주제 3 하나님을 대적하는 견고한 진 ··· 23

02 성경과 배치되는 진화론 ··· 27
주제 1 성경의 권위와 창세기 ··· 27
주제 2 진화론의 거짓 증거가 신학과 그리스도인에게 준 영향 ··· 31
주제 3 성경과 조화될 수 없는 진화 ··· 34

03 창조주 하나님의 영광 ··· 39
주제 1 창조주 하나님께 경배와 영광 ··· 39
주제 2 하나님의 놀라운 솜씨와 지적설계이론 ··· 42
주제 3 하나님과 인간 ··· 47

04 하나님의 형상, 사람 ··· 51
주제 1 인간의 정체성 ··· 51
주제 2 인류 조상의 화석이 있다는 거짓 주장들 ··· 55
주제 3 유전 정보와 인종의 다양성 ··· 61

05 다양성과 창조 목적 ··· 64
주제 1 창조의 질서, 다양성 ··· 64
주제 2 인간의 다양성과 창조 목적 ··· 67
주제 3 유전 정보에서 인간 진화의 증거를 주장하는 진화론 ··· 73

06 진화의 거짓 증거들 … 77

주제 1 돌연변이와 자연선택은 있지만 진화는 없다 … 77

주제 2 3단계 진화론의 허구 … 81

주제 3 교과서의 거짓 진화론 증거들 … 86

주제 4 진화론의 정체와 우리의 사명 … 94

07 대홍수의 증거 … 99

주제 1 성경에 나타난 대홍수의 증거 … 99

주제 2 지층과 화석의 증거 … 105

08 대홍수와 노아의 방주 … 115

주제 1 대홍수 심판 … 115

주제 2 심판 가운데 열어놓으신 구원의 길 … 120

09 대홍수, 그 전후 … 127

주제 1 물층으로 둘러싸인 지구 … 127

주제 2 인류 역사에 나타나는 대홍수 전설 … 134

10 하나님의 은혜, 성경과 과학 … 139

주제 1 성경에 나타난 과학적인 기록들 … 141

주제 2 유전 정보와 성경 … 144

주제 3 지구와 우수의 연내 … 147

주제 4 우주의 크기와 우주의 연대 … 152

** 창조과학을 활용한 복음 증거의 실천 … 160

** 지도자 가이드북 … 165

지도자 가이드북

리더를 위한 제언 … 166
첫 모임을 위한 제언 … 169
그룹모임의 기본 형식 … 172

01 견고한 진 파하기 … 176
02 성경과 배치되는 진화론 … 181
03 창조주 하나님의 영광 … 188
04 하나님의 형상, 사람 … 196
05 다양성과 창조 목적 … 201
06 진화의 거짓 증거들 … 209
07 대홍수의 증거 … 213
08 대홍수와 노아의 방주 … 221
09 대홍수, 그 전후 … 229
10 하나님의 은혜, 성경과 과학 … 235

추천사

지혜의 근본이신 하나님에게로

"태초에 하나님이 천지를 창조하시니라."

이 놀라운 하나님의 선포에 진화론에 의한 공교육만 받아온 세대들은 당혹스러워 하기도 하고, 믿음의 걸림돌이 되기도 합니다. 창조과학은 성경을 과학적으로 증명하려는 것이 아니라 많은 과학적 사실들이 진화론을 지지하지 않고 오히려 성경말씀에 부합된다는 사실을 알려 창조 신앙 회복을 도모하는 과학입니다.

이번에 창조과학 사역을 오랫동안 섬겨 오신 이은일 교수께서 과학 중심의 논리 서적이 아닌 지혜의 근본이신 하나님의 말씀 중심의 창조과학 교재를 개발하셨습니다. 하나님 백성으로서의 정체성을 회복하는 귀한 도움이 되는 교재가 될 것을 믿습니다.

— 정계헌 (한국창조과학회 회장)

신본주의 패러다임

　인본주의 시대는 하나님 없이 모든 것을 설명하고 해결할 것처럼 주장하지만, 세상은 나날이 도덕적 영적 수준이 떨어지고 있습니다. 인간 이성과 과학만이 옳다는 오만 때문이며 진화론은 이런 사상의 중심에 있습니다. 따라서 인본주의적인 과학이 아닌 신본주의적 과학으로 패러다임을 전환하는 것이 필요합니다. 이런 일을 꿈꾸는 과학자들 가운데 한 분인 이은일 교수가 저술한 이 책은 하나님의 말씀과 창조과학을 결합시킨 새로운 시도입니다. 누구나 쉽게 창조과학을 이해하고, 세상의 모든 일을 하나님의 말씀에 기초하여 살 수 있도록 도움을 주는 책입니다. 우리나라뿐 아니라 세계의 모든 그리스도인들이 읽기를 권합니다.

― 김영길 (한동대학교 총장)

창조 신앙인으로

창조론과 진화론 간의 다툼은 하나님이 계신지 아닌지에 대한 치열한 영적 전쟁입니다. 과학의 이름으로 성경과 하나님을 무시하는 역사가 오랫동안 있어 왔지만, 하나님께서는 땅 끝까지 복음을 전하는 일을 지금도 계속하고 계십니다. 창조과학 사역은 이런 영적 전쟁에서 매우 중요한 역할을 하고 있습니다. 이번에 이은일 장로가 집필한 이 책은 누구나 쉽게 창조 신앙을 전할 수 있도록 구성되어 있습니다. 과학과 이성이 성경과 갈등한다고 생각하는 모든 분들이 읽고 하나님의 말씀의 위대성을 깨달아 전도와 선교의 현장에서 창조 신앙과 복음을 잘 전파하는 도구로 활용되어지길 바랍니다.

― 하용조 (온누리교회 담임목사)

머리말

시작을 모르면 끝을 가늠할 수 없습니다. 시작과 끝을 모르면 과정이 이해되지 않습니다. 성경은 물질의 시작, 지구의 시작, 우주의 시작, 생명체의 시작, 인류의 시작, 역사의 시작이 모두 하나님께로부터 왔고, 현재는 새 하늘과 새 땅이 열리기 전의 과정 가운데 있음을 가르쳐주고 있습니다. 세상의 끝이 있고, 그 끝 너머에 새로운 시작이 있는 것입니다. 그렇기 때문에 눈앞의 현실보다 중요한 것이 영원한 하나님의 나라라는 것을 가르쳐 주고 있습니다. 그러나 사람들은 모든 것이 우연히 목적도 없이 물질로부터 시작되었고, 현재 우리가 살고 있는 것은 단지 우연한 것이며, 오랜 시간 후에 인류는 덧없이 사라질 것이라고 주장합니다. 우연히 저절로 모든 것이 생겼다는 것은 과학적인 관찰에 의한 것이 아님에도 불구하고 기원에 관한 유일한 과학적 사실인 것처럼 교육되고 있습니다. 이러한 진화론 교육은 모든 만물의 시작이 하나님의 계획과 능력에 의해 이뤄졌다는 것을 기록한 성경말씀을 정면으로 부인하는 것입니다.

하나님의 창조목적을 잃어버린 진화론 교육은 인간의 정체성을 단순히 물질이나 동물에 불과하다고 가르침으로써, 사람들이 영원하고 없어지지 않는 것을 위해 사는 것이 아니라 눈앞의 이익과 쾌락을 위해 살도록 부추기고 있습니다. 또한 약육강식과 같은 진화론적 원리에 의해 치열한 생존경쟁에서 남보다 앞서기 위해 수단과 방법을 가리지 말아야 한다고 생각합니다. 그리스도인들조차 이런 세상 풍조에 휩싸여 살고 있습니다. 그러나 하나님이 창조주 되심을 분명히 인식하게 되면 인간이 하나님의 형상을 닮은 위대한 존재이며, 이 세상 가운데 하나님의 창조목적을 이루는 거룩한 삶을 살아야 함을 알게 됩니다. 진화론에 기반을 둔 교육과 창조 진리에 기반을 둔 교육은 사람의 정체성과 삶의 목적에서 완전히 다른 해답을 던져주고 있습니다.

교육이 변화되고, 삶의 목적을 찾기 위해서는 교육 현장에서 속히 진화론이 사라져야 합니다. 그러나 반대로 세상은 과학의 이름으로 진화론적 해석이 진리인 것처럼 교육시킴으로써 성경 말씀에 오류가 있으며, 성경보다 인간의 지식이 더 우월하다고 주장하고 있습니다. 창조과학은 과학의 이름으로 성경의 진리가 공격당하고 있기 때문에 생긴 것입니다. 진화가 과학이라면 창조는 더욱 과학이라는 의미로 창조과학 운동이 시작되었습니다. 창조과학자 및 여러 과학자들을 통해 진화론은 허구에 불과하다는 것이 밝혀졌고, 도리어 이 세상은 창조주이신 하나님의 지혜와 능력이 만물에 분명히 나타나 있으며, 대홍수의 격변, 바벨탑 사건들이 실제로 있을 수밖에 없다는 것을 보여줍니다. 이제 압도적으로 많은 과학적 증거들을 통해 진화론은 '잘못된 가설'에 불과하다는 것이 명백해졌지만 아직도 대부분의 사람들은 진화론이 과학적 증거가 있는 것으로 오해하고 있습니다. 진화론자들이 과학계와 교육계를 지배하고 있는 상황에서 교육을 통해 진화의 증거가 있는 것처럼 가르치고 있기 때문입니다. 그러면서 진화론을 비판하는 것은 모두 종교적인 주장일 뿐이라고 억지를 부리고 있습니다.

더욱 심각한 것은 그리스도인들조차 진화론과 모순되는 내용을 담은 창세기를 신화처럼 여기는 경우가 많습니다. 진화론이 전혀 과학적 증거를 갖고 있지 않다는 것을 모르기 때문에 신학자들은 성경과 진화론을 조화시키기 위해 창세기 기록을 신화라고 주장합니다. 창세기에는 모든 것의 주인 되시는 창조주 하나님, 땅을 다스리도록 창조된 위대한 인간, 인간의 타락, 에덴동산 추방 이후의 인간의 역사, 대홍수의 심판, 바벨탑 사건 등이 기록되어 있습니다. 이런 역사적 사건들을 신화라고 주장함으로써 창조 신앙을 약화시켜버립니다. 창조-타락-심판-구원은 하나로 연결되어 있으며 하나님이 주인 되심을 선포하는 성경의 첫 번째 말씀인 창세기 1장 1절이 믿어질 때, 성경의 모든 말씀이 믿어질 수 있습니다. 또한 창세기를 통해 인간의 창조목적을 알게 되며, 인간의 정체성은 하나님과의 관계에 의해 결정되고, 하나님이 창조주 되심이 명확해져야 인간이 어떤 존재이며, 왜 예수 그리스도의 복음을 받아들여 하나님의 자녀로 회복되어야 하는지 분명해집니다.

과학지식이 없어도 성경을 믿는데 문제가 없습니다. 그러나 과학의 이름으로 성경의 진리를 공격하고, 창세기를 신화 취급하고 있기 때문에 진화론의 정체를 알기 위해서는 과학지식을 알아야 합니다. 그러나 과학적 지식을 담고 있는 창조과학이 너무 어렵기도 하고, 과학이 우상이 된 이 시대에 창조과학을 너무 과대평가하기도 합니다. 그렇기 때문에 과학 지식 중심이 아닌 창세기 말씀 중심의 '한 손에 잡히는 창조과학' 교재를 개발하게 되었습니다. 동시에 쉬운 표현으로 창조과학 지식을 담았습니다. 창세기를 중심으로 성경 말씀을 이해하고 적용하는데 도움을 주고, 창조과학 지식을 쉽게 풀어 하나님의 창조주이심의 영광을 조금이나마 드러내길 소망합니다. 또한 이 교재가 개발되기 위해 함께 수고하고 도움을 준 김홍석, 이병수, 김광 교수님과 창조과학회 동역자 모두에게 감사드립니다.

이 책이 그리스도인들의 창조신앙을 굳건히 하고, 선교현장에서 복음을 증거하는 도구로 사용되어지길 기도합니다.

2008년 8월
이 은 일

과 학 이 　 성 경 으 로 　 열 린 다

01 견고한 진 파하기

우리의 싸우는 무기는 육신에 속한 것이 아니요 오직 어떤 견고한 진도 무너뜨리는 하나님의 능력이라 모든 이론을 무너뜨리며 하나님 아는 것을 대적하여 높아진 것을 다 무너뜨리고 모든 생각을 사로잡아 그리스도에게 복종하게 하니 (고후 10:4,5)

주제1 교회에서 과학을 다루는 이유

왜 교회에서 과학을 다루어야 할까요? 두 가지 이유가 있습니다. 첫째 이유는 세상을 변화시키는 주역이 교회이기 때문입니다. 모든 그리스도인들이 과학자가 될 필요는 없지만 하나님이 과학자로 부르신 그리스도인들은 과학을 통해 하나님의 영광을 나타내야 합니다. 또한 이런 일이 이뤄지기 위해서는 교회가 사람들을 양성하여 사회로 내보내는 일을 감당해야 합니다.

1. 하나님께서 독생자 예수를 보내신 것은 무엇을 사랑하시기 때문일까요?(요 3:16)

교회는 교회만을 위해 존재하는 것이 아니라 세상의 구원을 위해 존재하는 것입니다. 교회가 세상의 필요에 깊은 관심을 갖고자 한다면 하나님의 원리를 세상에 펼칠 위대한 정치가, 기업가, 학자, 노동자, 농부들을 길러내야 합니다. 이처럼 교회는 관심을 갖고 과학자들도 양성해야 합니다. 교회가 대학처럼 과학자를 직접 교육한다는 의미가 아니라 그리스도인들에게 바른 비전을 주고, 사회에서 과학자로서 바르게 감당해야 할 하나님의 사람들을 신앙으로 연마해야 한다는 것입니다.

교회에서 과학을 다루는 두 번째 이유는 모든 그리스도인들이 과학을 어느 정도는 이해할 필요가 있기 때문입니다. 왜냐하면 진화론이 사실인 것처럼 주장하는 세상의 과학은 성경의 핵심 진리를 공격하기 때문입니다. 진화론이 거짓임을 알고 이를 알리기 위해서는 진화론에서 주장하는 것이 무엇인지 알아야 합니다. 많은 사람들이 진화론을 절대 불변의 진리로 알고, 성경은 하나의 종교적 경전에 불과하다고 생각합니다. 진화론에 맞지 않는 그 성경을 우리가 진리라고 주장한다면 적어도 사람들은 과학과 성경이 왜 다른지에 대하여 물어볼 것입니다.

2. 성경의 진리에 관심을 보이고 묻는 자에게 어떻게 해야 하나요?(벧전 3:15)

모든 그리스도인들이 과학을 이해해야 한다는 것은 과학에 정통해야 한다는 뜻은 아닙니다. 단지 진화론이 거짓이며, 왜 거짓인지를 설명할 정도의 지식을 갖추는 것이 복음 전도에 도움이 된다는 뜻입니다.

진화론이 거짓인데도 사람들은 왜 진화론이 마치 과학적 진리인 것처럼 믿고 있을까요? 그것은 진화론만이 인류의 기원에 관한 유일한 이론으로 공교육에서 교육되고 있기 때문입니다. 하나님의 창조는 종교적인 것이기 때문에 즉, 사실이 아니기 때문에 가르칠 수 없다고 합니다. 이는 과학이란 자연주의 세계관, 즉 자연 밖에는 아무 것도 없으며, 자연으로 모든 것을 설명해야 한다는 세계관에 기초해야 한다고 과학자들이 믿고 있기 때문입니다.

과학은 당연히 하나님의 피조 세계의 질서를 드러내는 도구가 되어야 마땅하지만 과학자들은 초월적인 하나님을 부정하는 세계관에 사로잡혀 있기 때문에 과학은 반드시 자연주의 세계관에 기반해야 한다고 단정합니다. 그렇기 때문에 창조과학이나 지적설계이론 등은 과학이 아니라고 말합니다.

창조과학이란?

창조과학은 창조를 과학적으로 증명하는 것이 아닙니다. 인간은 그럴 능력이 없습니다. 다만 '창조과학'이란 이름은 거짓된 진화론이 과학이라면 창조는 더욱 과학적이라는 뜻으로 붙여진 것입니다. 성경을 말씀 그대로 믿으면 됩니다. 그러나 사람들은 잘못된 과학 지식이나 인간의 논리와 이성을 성경보다 더 신뢰하기 때문에 성경의 기록을 있는 그대로 받아들이지 못하고 있는 것입니다. 창조과학은 과학적 지식이 진화론을 지지하기는커녕 도리어 성경 말씀과 부합된다는 것을 보여 줍니다. 성경 말씀 그대로 피조 세계에는 하나님의 신성한 능력과 지혜가 나타나 있으며, 기록된 대로 노아 시대 대홍수가 있었고, 천 년 가까이 살았던 사람들의 수명이 가능할 것이라는 것을 엄청난 과학적 증거들을 통해 보여 주고 있습니다. 창조과학 자료를 비롯한 많은 과학적 자료들을 통해 진화론은 과학적인 증거가 전혀 없으며, 하나님의 창조가 진화론보다 과학적이고 논리적이라는 것을 알 수 있습니다. 창조과학적인 증거들은 모두 창조과학자들만이 연구한 것이 아닙니다. 새롭게 밝혀진 많은 창조과학 연구 결과도 있지만, 세상의 수많은 과학자들이 연구하는 내용들도 적극 활용합니다. 왜냐하면 창조론적 시각으로 연구 결과를 재해석하면 진화론적인 해석보다 훨씬 단순 명료해지기 때문입니다.

창조과학 지식은 모르고 있던 과학적인 자료들을 통해 성경을 이해하는 데 도움을 주기 때문에 그리스도인들에게 큰 감동을 줍니다. 그러나 창조과학적인 지식 역시 인간의 연구로 이뤄진 과학적인 내용을 담고 있기 때문에 과학 지식의 발전에 따라 내용이 변화될 수 있습니다. 과학적인 지식이 없어도 하나님이 창조주이시라는 것은 누구나 고백할 수 있습니다. 하나님이 창조주이심을 알기 위해 과학을 공부할 필요는 없습니다. 그러나 창조과학을 복음을 전하는 데 활용할 수는 있습니다.

3. 과학적 증거들이 성경의 진리를 지지한다는 것은 성경적인가요?(롬 1:20)

로마서 1장 20절은 하나님께서 우리에게 피조 세계를 통해 자신의 영광을 드러내셨다는 것을 말씀하십니다. 피조 세계를 연구하는 과학은 인간 지성의 산물로 하나님이 만드신 창조 질서를 연구하는 것이며, 그 질서를 만드신 하나님의 위대함을 드러내 하나님의 영광을 나타내야 하는 것입니다. 그럼에도 불구하고 과학자들은 하나님이 만드신 질서를 연구하면서도 질서를 만드신 분은 부정합니다.

피조 세계에 나타난 그 질서를 연구하는데 창조론자와 진화론자에 따라 다른 결과가 나올 수는 없을 것입니다. 그러나 문제는 나온 결과에 대한 해석입니다. 같은 결과를 가지고도 창조론적 세계관을 가진 과학자와 진화론적 세계관을 가진 과학자는 그 해석이 달라집니다. 특히 그것이 관찰이나 실험을 할 수도 없는 기원에 관한 것이라면 세계관의 영향을 더 많이 받을 수밖에 없습니다. 하나님이 없다는 것을 당연시하는 것은 과학적인 지식에 의한 것이 아니라 진화론이라는 이론에 사로잡혀 있기 때문이며, 나아가 하나님을 인정하기 싫기 때문입니다. 따라서 창조론과 진화론의 문제는 과학의 문제가 아니라 초월적인 하나님이 계시다고 믿는지, 아니면 하나님이 존재하지 않는다고 믿는 것인지에 관한 믿음의 차이로 인해 생기는 것입니다.

진화론자들이 창조과학을 단순히 종교 활동으로 취급하는 것은 자신이 믿는 세계관과 다른 과학은 인정하지 않기 때문입니다. '지적설계이론'도 진화론자들은 종교적이라고 주장합니다. 지적설계이론도 초월적인 '설계자'의 존재를 전제하기 때문에 자연주의 세계관과는 맞지 않기 때문입니다. 그러나 진화론이 과학적 증거가 없는 것을 아는 지성인들 사이에서 지적설계이론은 인기를 끌고 있습니다. 기독교의 하나님을 믿지 않고도 진화론 대신 기원 문제를 해결할 수 있다고 생각하기 때문입니다.

 **지적설계이론** 창조론을 종교로 몰아 과학적 논쟁을 피하던 진화론자들에게 '하나님'에 대한 언급 없이 학문적으로 설계된 것인지, 진화된 것인지만을 연구하는 '지적설계이론'은 훨씬 더 위협적입니다. 하나님을 전제하는 창조론이 부담스러운 지성인들에게 지적설계이론은 훨씬 받아들여지기 쉽습니다. 설계자가 누구이든 상관없기 때문입니다. '지적설계이론'은 진화론을 무너뜨리는 데 매우 효과적인 무기가 될 가능성이 크지만, 복음을 증거하는 것과는 직접적으로 관련이 없는 학문 체계입니다. 그러나 지적설계이론은 하나님의 설계를 논리적이고 과학적으로 증명해 줍니다. 분명히 보여지는 것을 진화론자들이 부정하기 때문에 학문적으로 설계를 논리적으로 설명하는 이론으로 개발된 것입니다.

주제 2 기원에 대한 두 가지 이론, 창조론과 진화론

우주, 지구, 생명, 물질의 기원은 어느 누구도 관찰하거나 실험을 할 수도 없기 때문에 관찰자의 해석에 따라 창조론과 진화론으로 나뉘게 됩니다. 사람들은 진화론을 과학이라고 생각하고, 창조론은 종교에 불과하다고 생각합니다. 그러나 진화론은 과학적 증거가 전혀 없으며, 오히려 창조론이 설계 및 대홍수에 대한 증거가 풍부합니다. 무엇보다도 성경은 하나님의 창조를 증거하고 있어서, 사실 창조론과 진화론이라는 말보다는 '창조 진리'와 '진화 가설'이라는 표현이 맞을 것입니다. 그러나 대부분의 사람들은 진화론이 아무런 과학적 증거가 없다는 것을 잘 모르고 있습니다. 모든 학교에서, 그리고 대부분의 과학적 정보들이 모두 진화론이 유일한 과학적 사실인 것처럼 가르치고 있기 때문입니다. 그렇기 때문에 진화론을 비판하면 종교적 광신주의자라고 비난합니다. 진화론이 진정으로 과학이라면 비판을 허용하고, 비판을 통해 발전시켜야 할 것입니다. 진화론자들은 자신들에 대한 비판을 과학적 지식의 논쟁보다는 '과학과 종교의 싸움'인 것처럼 만들고 있습니다. 왜냐하면 진화론 비판은 그 비판만으로도 진화론의 몰락을 의미하기 때문입니다.

그렇다면 어떻게 해서 증거가 전혀 없는 진화론이 이처럼 유일한 과학적 사실처럼 교육되고 있을까요? 그것은 500여 년에 걸쳐 형성된 인본주의, 하나님이 아닌 사람이 주인이라는 사상의 견고한 토대 위에 세워졌기 때문입니다.

역사적 사건으로 본 성경 진리에 대한 공격

16세기 문예부흥 : 중세를 암흑기로 표현하며 인본주의 시대를 연 16세기의 문예부흥은 '그리스 로마' 시대로 돌아가자는 것이었습니다. 즉 예수 그리스도의 십자가 사건 이전의 시대로 돌아가자는 것입니다. 신 중심이 아닌 인간 중심의 시대가 열린 것입니다.

17세기 지동설 : 코페르니쿠스의 지동설은 위대한 과학적 발견이었지만, 당시의 사람들에게는 기독교적 세계관이 틀린 것으로 과학이 입증해 낸 것처럼 여겨졌습니다. 과학이 성경보다 우월하다는 인식이 확산되는 중요한 계기가 되었고 '코페르니쿠스 원리'라는 개념이 생겼습니다. 이 원리는 지동설을 의미하는 것이 아니고, 지구가 더 이상의 우주의 중심이 아닌 변방에 불과하며, 인간도 변방에 살고 있는 존재에 불과하다는 것을 말합니다. 성경보다는 인본주의적으로 인간의 존재를 해석하게 된 것입니다. 흥미롭게도 우주 과학이 발전된 지금은 '코페르니쿠스 원리'가 아닌 '인간 중심 원리'를 과학자들이 말하고 있다는 것입니다. 지구가 우주의 한 변방에 불과한 것이 아니라 우주 전체가 지구를 위해 설계된 것처럼 보인다는 것입니다.

18세기 계몽주의 : 계몽주의는 인간 이성이 기준이고, 과학적 탐구의 결과만이 진리라고 주장하였습니다. 또한 자연 상태 그대로를 '자유의 실존'이라고 생각하여 초월적인 신, 전제 정치 및 교회의 영향력은 거부되어야 한다는 것입니다.

19세기 진화론 : 진화론은 시작에 대한 이론이기 때문에 인본주의나 계몽주의 시대에 시작에 대해 인본주의적으로 설명할 수 있는 이론으로 무조건적으로 환영받았습니다. 과학의 이름으로 창조를 거부할 수 있는 이론이 생긴 것입니다. 인본주의 시대에 진화론은 이성과 과학으로 하나님을 부인할 수 있는 확실한 근거가 된 것입니다.

19세기 다윈의 진화론과 칼 마르크스의 자본론은 근대주의를 낳았으며, 발전된 과학 기술 문명은 인간의 힘으로 이 세상에 유토피아를 가져 올 수 있을 것이라는 희망을 갖게 하였습니다. 그러나 역사는 유토피아 대신 참혹한 전쟁을 기록하고 있습니다. 1, 2차 세계대전, 한국전쟁과 월남전쟁 등을 통해 인간의 이성은 더 이상 신뢰할 수 없다는 결론에 도달하게 되었습니다. 또한 인간 이성에 기초하여 인간의 삶을 규정할 수 있다는 철학적 논리들이 후대 철학자들에 의해 철저히 배척당하면서 16세기 문예부흥으로부터 시작한 인본주의는 결국 21세기 포스트모더니즘(후 근대주의)을 낳게 되었습니다.

포스트모더니즘의 특성은 어떤 절대적 기준도 없다는 것입니다. 다양성 및 개인의 쾌락과 결정을 존중해야지 어떤 기준을 따르는 것은 아니라는 것입니다. 현재 21세기에 이뤄지고 있는 성적 타락 등의 많은 사회, 도덕적인 문제들은 문제가 아니라 다양한 가치관으로 인정되어야 한다고 주장합니다. 그러나 동성애를 비롯한 성적 타락은 결코 새로운 것이 아니며, 이미 로마시대부터 있었던 현상이고, 로마서에서 강력하게 경고하고 있는 죄악입니다(롬 1:18-32).

4. 성경에 죄의 시작은 무엇이고, 그 결과가 어떻게 확대된다고 기록하고 있나요?(롬 1:18-32, 중심구절 1:21, 32)

5. 죄의 시작을 생각할 때, 다시 하나님께로 돌아가기 위해 처음으로 해야 할 일은 무엇일까요?(행 14:15)

하나님을 대적하는 견고한 진 주제3

과학적 증거들을 통해 진화론의 거짓됨이 밝혀지면서 많은 사람들이 이런 내용들이 어떻게 해서 지금까지 공교육의 교과서에 흔들림 없이 계속 남아 있는지 의아해 합니다. 헤켈의 배아 그림과 같은 명백한 오류도 수정하지 않습니다. 이것은 대부분의 과학자들이 진화론을 믿기 때문입니다. 진화론에 오류가 있다고 하더라도 창조론이나 지적설계이론은 과학이 아니라고 주장하기 때문입니다. 진화론을 인본주의자들과 무신론자들 입장에서 포기할 수 없는 것은 다른 대안이 없기 때문입니다.

6. 성경은 진화론과 같이 거짓이면서도 무너지지 않는 것을 무엇이라고 표현하고 있습니까?(고후 10:4-5)

무너지지 않을 것처럼 견고하게 진화론이 자리잡은 이유는 500년이 넘도록 긴 시간에 걸쳐 이루어진 인본주의의 토대 위에 세워져 있기 때문입니다. 진화론은 1980년대 이후 풍부한 과학적 증거를 가진 창조론자들에게 대중적 논쟁에서 밀리기 시작하더니, 지적설계이론의 등장으로 더 수세에 몰리게 되었습니다. 이런 상황에서 진화론자들의 대응이 리처드 도킨스의 『만들어진 신(The God delusion, 2006)』이라는 책에 잘 나타나 있습니다. 리처드 도킨스는 창조냐 진화냐의 논쟁 자체가 의미가 없다고 주장합니다.

왜냐하면 창조론의 기반이 되는 '신'은 존재하지 않으며, 역사적으로 종교는 인류에게 큰 해를 끼쳐온 것이 명백하다는 것입니다. 어린이들에게 종교를 강요하지 않아야 한다고 주장합니다. 진화론자들은 과학적으로 진화론을 변증하는 데에서 더 나아가 적극적으로 기독교의 성서와 하나님을 공격하고 있는 실정입니다. 이 책은 미국에서 베스트셀러가 되었고, 우리나라를 비롯한 여러 나라에서 번역되고 많은 판매가 이뤄지고 있습니다. 과학적으로 수세에 몰린 진화론이 대중적으로는 크게 지지를 받고 있는 상황입니다.

7. 진화론과 같은 견고한 진을 무너뜨리는 방법은 무엇입니까?(고후 10:4-5)

8. 하나님께서 진화론과 같은 견고한 진을 무너뜨리는 목적은 무엇입니까?(고후 10:4-5)

_____

_____

　　복음의 궁극적인 목적은 모든 것을 그리스도에게 복종케 하는 것입니다. 진화론, 인본주의와 같은 하나님을 대적하여 높아진 견고한 진들을 무너뜨리는 것은 인간적인 지식이나 능력이 아니라 하나님의 능력뿐입니다. 우리들의 역할은 하나님의 능력이 세상에 나타날 수 있는 통로가 되는 것입니다.

1과 | "견고한 진"을 마치며

  창조신앙을 갖는다는 것은 예수 그리스도를 통해 구원받은 우리가 세상 가운데 하나님 나라를 회복시키는 일에 동참한다는 것입니다. 과학은 하나님이 창조하신 질서를 연구하는 것이고, 그것을 통해 창조주 하나님께 영광을 돌려야 하는데, 도리어 과학은 진화론을 통해 성경의 진리를 공격하고 있습니다. 따라서 창조과학을 통해 진화론이 거짓이라는 것을 아는 것은 모든 그리스도인들에게 매우 중요합니다. 자신의 신앙을 지키는 데 뿐만 아니라 전도할 때 복음의 진리를 알고자 하는 사람들에게 겸손하게 답변을 준비해야 하기 때문입니다.

  21세기 하나님을 거부하는 사람들의 주장이 그 어느 때보다 커져 있고, 그 선두에 진화론 과학자가 있습니다. 진화론은 증거도 없으면서 너무나 견고하고 높습니다. 그러나 하나님의 능력은 이 모든 것을 무너뜨릴 것입니다. 하나님께서는 하나님의 능력을 이 세상에 드러낼 하나님의 사람들을 오늘도 찾고 계십니다.

과학이 성경으로 열린다

02 성경과 배치되는 진화론

믿음으로 모든 세계가 하나님의 말씀으로 지어진 줄을 우리가 아나니 보이는 것은 나타난 것으로 말미암아 된 것이 아니니라 (히 11:3)

성경의 권위와 창세기 주제1

성경은 성령의 감동으로 기록된 것으로(벧후 1:21, 딤후 3:16), 그리스도에 대한 300가지 이상이나 되는 구약의 예언이 성취되었음을 보여 주고 있습니다. 많은 사람들이 지켜보는 가운데 예수님은 십자가에서 죽으시고 부활하셨으며, 제자들은 자신의 생명을 버리면서까지 그 사실을 증언하였습니다. 성경 말씀이 사람들에게 전해질 때 사람들의 삶과 사회가 변하는 놀라운 역사들이 교회의 역사 안에는 수없이 많습니다. 성경은 창조, 타락, 심판, 구원의 역사를 분명하게 보여 주면서 천 년이 넘는 기간 동안 40여 명의 저자에 의해 일관성 있게 기록되었으며, 과거를 통해 현재를 해석하고, 다가오는 미래를 준비하게 하는 성경 자체가 하나님의 말씀임을 분명히 보여 주고 있습니다.

1. 예수님은 성경이 어떤 책이라고 말씀하셨나요?(요 10:35) 또한 바울은 성경이 어떻게 기록되었다고 했나요?(딤후 3:16)

_____
_____

그럼에도 불구하고 성경은 역사적으로 끊임없이 그 권위를 도전받고 있습니다. 하나님이 주인이심을 거부하는 인본주의적인 사상과 성경의 진리 자체를 왜곡하는 이단의 공격은 계속되어 왔고, 진화론이 등장한 이후로는 과학의 이름으로 성경의 핵심적인 진리인 하나님의 창조를 공격하고 있습니다. 교회에서조차도 성경을 그대로 믿지 못하여 하나님의 창조주이심, 즉 주인이심에 대한 인식이 부족한 실정입니다. 하나님이 창조주이시라는 것은 그분의 뜻대로 모든 것을 이루셨고, 또 앞으로 이루실 것이라는 것입니다. 창조를 믿지 못하면 구원도 믿지 못하고 심판도 믿지 못하며 새 하늘과 새 땅도 믿지 못하게 됩니다.

2. 성경의 첫 말씀인 창세기 1장 1절에는 무엇이라 기록되어 있나요?

_____
_____

성경은 모든 것이 하나님의 말씀으로 창조되었음을 강력하게 선포하고 계십니다. 하나님이 창조주시라는 것을 고백하는 것은 우리가 믿는 하나님의 능력과 권세가 커서 상상할 수도 없다는 것을 아는 것입니다. 우주의 크기보다 더 큰 것이 우주를 만드신 분의 능력이시기 때문입니다. 창세기 1장 1절의 말씀이 믿어지면 성경의 어떤 말씀도 믿지 못할 말씀이 없습니다. 천지만물을 창조하시고 생명을 창조하신 분이 죽은 자를 살리시고, 홍해를 가르시고, 태양을 멈추게 하는 것이 뭐 어려우시겠습니까? 하나님께서 스스로 만드신 지구와 물질의 법칙이 유지되도록 붙들고 계실 뿐 아니라(히 1:3) 때로는 하나님의 사랑 때문에 인간을 위해 그 법칙을 잠시 중지시키기도 하셔서 물위를 걷기도 합니다(이것을 기적이라고 합니다). 이런 기적을 통해 법칙을 만드신 분은 그 법칙 위에 계시다는 것을 알게 됩니다.

그러나 많은 신학자들이 창세기, 특히 아브라함이 등장하기 전까지의 기록을 신화, 설화라고 해석합니다. 이렇게 된 데에는 진화론을 비롯한 여러 가지 인본주의의 강력한 영향력 때문입니다. 16세기 르네상스 이후 인본주의가 점차 강화되고, 계몽주의, 근대주의가 정립되면서 더 이상 성경은 이성적인 사람들이 믿을 수 있는 책이 아닌 것처럼 보였습니다. 이때 일단의 신학자들은 성경이 사람들에게 버림받지 않도록 하기 위해 인간의 수준에 맞춰서 성경을 해석하기 시작했습니다. 성경에 있는 기적적인 사건들이 사실은 기적이 아니라 잘못 기록되었거나 오해된 것이라고 주장한 것입니다. 이렇게 시작한 자유주의 신학은 인간의 이성과 노력으로 성경의 기적과 영감을 제거하더니 결국 성경 말씀을 그대로 믿을 수 없다는 결론에 다다르게 되었습니다. 그러나 성경은 이미 스스로 그 권위를 입증하고 있습니다. 다만 그것을 보기 원하지 않는 사람들만이 못 보고 있을 뿐입니다. 문제는 신학과 교회 내에서도 성경의 진리와 인간적인 생각을 혼합시키고 있다는 것입니다. 그 결과 신학교 학생들과 기독교 신자들 중에 많은 사람들이 성경을 그대로 믿지 못하고 있습니다. 특별히 창세기에 나타나는 '창조', '노아 시대의 대홍수 심판', '바벨탑 사건' 등을 역사적 사건이 아니라 단지 신화적 기술에 불과하다고 여깁니다.

3. 성경의 약속을 부인하는 사람들은 무슨 근거를 제시하며, 말씀을 거부하는 이유와 그 결과는 무엇일까요? (벧후 3:3-7)

자유주의 신학은 성경 66권이 하나님의 말씀이라는 것을 거부하고, 단지 신학 연구의 대상이 되는 책쯤으로 여깁니다. 자유주의 신학과 유사한 진보주의 신학은 성경 해석의 틀을 중시합니다. 성경 자체가 무엇을 말하고 있는가를 고민하기보다 역사적, 시대적 상황 속에서 어떻게 해석되는가를 더 중시합니다. 자유주의 및 진보주의 신학자들 모두 창세기를 신화로 해석합니다. 인본주의와 계몽주의 영향을 받은 신학이 진화론을 사실로 인정하는 것은 어쩌면 당연한 것일지도 모릅니다. 이들이 창세기를 신화로 해석하는 가장 중요한 이유는 '진화론'이 사실이라고 믿기 때문입니다. 진화론을 사실로 받아들이면서 성경을 받아들일 수 있는 유일한 방법은 창세기의 역사성을 부인하는 것뿐입니다. 이들은 진화론을 비판하는 목사님들을 극단적인 보수주의자, 문자주의자 또는 근본주의자라고 비판합니다.

진화론의 거짓 증거가 신학과 그리스도인에게 준 영향 〔주제2〕

희대의 사기극, 필트다운인

진화론이 처음 등장한 영국에서 오랜 세월 동안 진화의 증거는 발견되지 않았습니다. 그러다가 1912년 영국 필트다운 근처에서 원숭이의 턱뼈를 가진 사람의 두개골 화석을 발견하였습니다. '필트다운인'은 진화론자들이 기대했던 그대로 인간 조상의 모습을 갖춘 진화의 완벽한 증거였습니다. 그러나 1953년 이 뼈들의 연대를 측정한 결과, 수십 년으로 측정되어 가짜라는 것이 밝혀졌는데, 1962년이 되어서야 '필트다운인은 조작된 것'이라고 공식적으로 발표되었습니다. 필트다운인은 지금까지 발견된 화석 중에서 유일하게 인간과 원숭이의 중간 고리를 구성하는 완벽한 진화의 증거라 여겨졌던 것인데 사기극으로 판명된 것입니다.

▌그림 2-1 필트다운인

4. 필트다운인이 조작극임이 판명됨에 따라 '사람이 진화하였다'는 진화론의 증거가 없어졌다는 사실이 사람들에게 잘 알려졌을까요? 조작된 필트다운인 화석은 인류 역사에 어떤 영향을 끼쳤을까요?

조작된 필트다운인은 20세기 중반까지 진화론이 확실한 과학적 증거를 가지고 있다고 믿을 수밖에 없게 만들었습니다. 미국에서 진화론이 퍼지게 된 결정적 계기가 되었던 스코프스재판(1925년)에서도 필트다운인이 진화의 과학적 증거로 재판 과정에서 제출되었습니다. 반진화론법이 제정되었던 미국에서 교육 과정에 진화론을 넣게 된 중요한 계기가 바로 이 거짓 증거 때문이었습니다.

또한 20세기의 위대한 그리스도인들마저도 진화론을 과학적 사실로 인정할 수밖에 없었습니다. "원숭이가 진화되어 인간이 되고, 인간이 진화되어 예수가 되었다"고 주장한 샤르댕 신부는 1881년 태어나 1955년도 사망하였습니다. 하나님을 뜨겁게 사랑한 신부님이었기 때문에 과학적으로 증명(?)된 진화론과 성경을 조화시켜야 한다고 생각하였던 것입니다.

가장 존경받는 신학자 중에 한 사람인 본 훼퍼도 창세기를 신화로 해석했고, 진화론과 근대주의 흐름과 치열한 싸움을 벌였던 기독교 최고의 지성으로 알려진 C. S. 루이스(1898-1963년) 역시 진화론을 인정하는 내용을 쓰기도 했습니다. 이들이 살았던 시대는 진화론의 완벽한 과학적 증거가 존재하였기 때문입니다. 20세기의 위대한 신학자들이 진화론을 과학적 사실로 인정할 수밖에 없었고, 지금도 이분들의 글을 읽고 공부하는 많은 신학자들과 그리스도인들이 진화론을 인정하는 것은 당연한 일이 되어버렸습니다.

필트다운인이 조작된 증거라는 것이 밝혀진 이후에도 대부분의 신학교에서는 아직도 진화론을 과학적으로 정립된 이론으로 생각하고 성경을 그에 맞춰서 해석하는 '유신론적 진화론'을 가르치고 있습니다. 진화는 과학적 사실이기 때문에 성경에 기록된 하나님의 창조를 해석할 때는 성경 그대로가 아니라 원숭이(또는 원숭이 조상)가 진화되어 인간이 되는 과정으로 해석해야 한다는 주장입니다. 진화가 과학적 사실이 아니라는 것을 알기만 하면 이렇게 성경에 없는 내용을 붙여서 억지로 해석할 이유가 없는데, 많은 신학자들이 이런 해석을 지성적인 것이라고 착각하고 있습니다.

5. 성경의 기록과 진화론을 조화시켜 '하나님이 창조는 하셨는데 진화의 과정을 통해 창조하신 것'이라고 주장하는 신학 이론을 무엇이라고 하나요?

> **유신론적 진화론** 하나님도 믿고 진화론도 믿는 이론. 진화론이 사실이라고 믿는 많은 신학자들과 기독교인들은 성경 기록과 진화론을 함께 믿으려고 합니다. 즉, 유신론적 진화론이란 진화론을 사실이라고 믿으면서 하나님도 있다고 믿는 것입니다. 그렇기 때문에 하나님의 창조가 진화 과정을 통해 이뤄졌다고 주장합니다. 과학이 발전하면서 진화론은 몰락하고 있는데, 진화론의 영향을 받은 위대한 신학자들의 글은 그대로 있습니다. 또한 자유주의, 진보주의 신학의 영향으로 신학교에서는 유신론적 진화론이 확대되고 있는 실정입니다.

주제3 성경과 조화될 수 없는 진화

진화론은 모든 것이 우연히, 그리고 아무런 목적이나 설계 없이 물질로부터 시작되어 우주가 형성되었고, 생명체도 생긴 것이라고 주장합니다. 그러나 창세기 1장 1절 말씀은 초월적인 하나님께서 모든 물질 세계와 우주, 지구를 창조하셨다고 선포하고 있습니다. 진화론은 물질, 생명, 우주의 시작에 대하여 나름대로 이론을 전개하지만 과학이 발달할수록 실제 관찰되는 세계와 진화이론은 많은 차이를 보이고 있습니다. 과거 진화의 증거로 여겨졌던 것은 모두가 조작되었거나 잘못 해석한 것이라는 것이 명백해졌을 뿐입니다.

6. 진화론은 바다에서 아메바와 같은 원생동물이 우연히 발생하여 무척추동물로 진화하였으며, 이후 척추동물인 어류로 진화하고, 양서류, 파충류, 조류, 포유류(고래, 사람 등) 순서대로 진화하였다고 주장합니다. 이런 진화에 수억 년의 시간이 걸렸다고 주장합니다. 성경에서 하나님께서 생명체들을 어떤 순서로 창조하셨고, 시간이 얼마나 걸렸는지 비교해 보세요(창 1:20-28).

진화론은 성경과는 전혀 다른 주장을 하면서 과학적으로 타당한 증거를 갖고 있지도 않습니다. 과거를 보여 주는 화석과 지층은 생명체들이 서서히 오랫동안 진화해서 출현한 것이 아니라 성경의 기록처럼 모두 함께 존재하였고, 대홍수의 격변에 의해 화석이 되었음을 보여 주고 있습니다. 그럼에도 불구하고 생명의 기원을 비롯한 모든 기원은 과학적 증거도 없는 진화론만이 유일한 사실인 것처럼 교육되고 있습니다.

복음의 요소를 공격하는 진화론

진화론은 과학의 이름으로 창조를 부인할 뿐 아니라 복음의 여러 요소들을 동시에 공격하고 있습니다. 복음은 예수님을 전하는 것인데 유대인과 이방인들에게 예수님을 전하는 방식은 다를 수밖에 없습니다. 베드로와 스테반은 십자가에 못 박혀 죽은 예수님이 부활하셨으며, 그분이 그리스도임을 선포하였습니다. 이런 선포에 유대인들은 마음에 찔림을 받고 회개하든가 아니면 선포하는 사람을 돌로 쳐 죽였습니다. 그러나 성경도 없고, 메시야에 대한 약속도 알지 못하고, 예수님도 모르는 이방인들에게 예수님을 전할 때는 다른 방법으로 해야 합니다.

7. 바울이 하나님을 알지 못하는 이방인들에게 복음을 증거할 때의 주요 내용 다섯 가지는 무엇입니까?(행 17:24-31)

8. 진화론은 복음의 다섯 가지 요소를 어떻게 공격합니까?

창조과학과 복음 증거 설계 및 격변에 대한 과학적 증거와 성경을 지지하는 역사적 증거들을 통해 진화론이 과학적인 증거가 전혀 없으며, 하나님의 창조가 도리어 과학적이고 논리적이라는 것을 알 수 있습니다. 진화론이 유일한 과학적 진리인 것처럼 교육되고 있는 세상에서 진화론이 왜 거짓된 것인지 아는 것은 복음의 진리를 전할 때 도움이 됩니다. 또한 역사적 배경이나 문화적 배경을 알면 성경을 이해하는 데 도움이 되듯이 과학적 배경을 알면 성경을 이해할 때 도움이 되기도 합니다. 창조과학은 복음을 전할 때 활용할 수 있습니다. 예수님께서 복음을 받아들이는 마음 밭에 대하여 말씀하셨는데(마 13:3-8,18-23), 씨앗의 생명은 동일하지만 떨어진 땅에 따라 열매는 달랐습니다. 열매를 맺기 위해서는 땅이 좋아야 합니다. 즉, 복음을 받아들이는 데 방해가 되는 것을 제거하는 것이 중요합니다. 진화론이 거짓이라는 것을 아는 것은 복음을 받아들이는 데 필요한 마음 밭을 만들 수 있습니다. 창조과학적인 지식은 마음 밭을 기경하는 데 사용되어 복음 증거에 도움이 될 수 있습니다. 논리적인 일본인들, 유물론에 기반을 둔 공산권 사람들, 창조주가 계심을 모르는 다신론자들에게 창조과학이 활용될 수 있습니다.

과학과 세상을 변화시키는 선교적 측면에서의 창조과학 : 복음의 빛이 비치는 곳마다 거짓이 드러나고 쫓겨나갑니다. 학교 교육 및 과학계를 사로잡고 있으며, 교회에도 깊숙이 침투되어 있는 진화론을 드러내고 쫓아내는 일은 모든 그리스도인들이 해야 할 일입니다. 여기서 한 걸음 더 나아가 과학의 주인이 하나님이심을 선포하고, 과학을 통해 하나님의 능력과 신성을 드러내어 하나님께 영광을 올릴 과학자들을 하나님께서 찾으십니다. 교회에서 이런 훌륭한 인재들을 키우며 비전을 주는 일들을 감당할 때가 되었습니다. 이런 인재들을 활용하여 복음을 거부하는 많은 나라와 문화권에 과학 기술의 전문성을 통해 선교하는 일도 긴급하게 필요합니다. 의료 선교처럼 과학 기술 전문인 선교를 활용하기 위한 노력이 필요합니다.

2과 | "성경과 배치되는 진화론"을 마치며

　성경은 하나님의 말씀입니다. 창세기 1장 1절은 우주 만물이 하나님의 말씀에 의해 그 뜻대로 지음받았음을 선포합니다. 노아 시대는 온 땅이 대홍수의 심판을 경험하였습니다. 과거에 기록된 창조와 심판은 미래의 심판과 새 하늘과 새 땅의 창조를 예표하고 있습니다. 그러나 사람들은 성경의 권위를 부정하고 자신들의 생각대로 성경을 해석하거나 거부합니다. 진화론 과학은 필트다운인이라는 거짓 증거를 통해 성경의 권위를 떨어뜨리는 데 결정적인 역할을 했습니다. 20세기 중반까지 위대한 신학자들과 그리스도인들 모두 이 거짓 증거 때문에 진화론을 인정할 수밖에 없었고, 그 영향으로 진화론과 성경을 함께 믿으려는 '유신론적 진화론'이 신학의 주류가 되었습니다. 그러나 진화론이 사실이 아니므로 성경을 억지로 진화론에 맞춰 왜곡할 이유가 전혀 없습니다. 또한 성경의 기록 자체가 진화론과 조화되지 않을 뿐 아니라, 도리어 진화론은 복음의 중요한 요소들을 공격하고 있습니다. 교회와 신학에서 거짓된 진화론이 사라지고, 과학이 성경을 공격하는 도구가 되는 것이 아니라 하나님의 영광을 드러내는 도구로 사용되어지도록 해야 할 것입니다.

과 학 이 성 경 으 로 열 린 다

03 창조주 하나님의 영광

여호와여 위대하심과 권능과 영광과 승리와 위엄이 다 주께 속하였사오니 천지에 있는 것이 다 주의 것이로소이다 (대상 19:11a)

창조주 하나님께 경배와 영광 　주제1

창세기 1장 1절 "태초에 하나님이 천지를 창조하시니라"는 말씀은 우리가 믿는 하나님이 왜 경배의 대상인지를 우리에게 가르쳐 주고 있습니다. 모든 것은 하나님이 창조하시지 않은 것이 없기 때문에 그분을 경배할 수밖에 없고, 창조하신 모든 것이 너무나 선하기 때문에 영광을 올려 드릴 수밖에 없습니다.

1. 요한계시록에 등장하는 24 장로들이 보좌에 앉으신 하나님 앞에 경배하면서 하나님께서 영광과 존귀와 능력을 받으시는 것이 합당한 이유가 무엇이라고 하였나요?(계 4:10-11)

2. 예수님은 창조 사역에서 어떤 부분을 차지하고 있나요?(요 1:3, 골 1:15-16)

창세기 1장 2절에 나타난 성령 하나님의 수면에 운행하시는 역사가 있고 나서 모든 질서가 세워지게 됩니다. 하나님의 창조 사역은 다른 여타의 하나님의 사역과 마찬가지로 성부, 성자, 성령 하나님이 함께 하신 삼위일체적인 사역입니다.

3. 세상이 창조되었다는 것을 어떻게 알 수 있으며, 세상이 존재하는 근본 원인은 무엇인가요?(히 11:3)

세상을 바라보는 서로 타협할 수 없는 두 가지 세계관이 있습니다. 그것은 초월적인 세계가 존재한다고 믿는 세계관과 그런 것은 존재하지 않는다고 믿는 세계관입니다. 보이지 않는 하나님은 말씀을 통해 세상을 창조하시고, 말씀을 통해 하나님의 뜻을 계시하셨습니다. 믿음이란 내가 믿고 싶어서 믿는 것이 아니라 진리에 대한 당연한 반응입니다. 보이지 않는 하나님을 믿고, 그분이 창조주이심을 믿는다는 것은 하나님에 대한 절대적 신뢰를 가진다는 것입니다. 또한 믿음을 갖게 되면 지혜롭게 됩니다. 보이는 물질들만 가지고는 도저히 물질의 질서를 설명할 수 없기 때문에 보이지 않는 하나님이 계시다는 것을 고백할 수밖에 없습니다.

종교를 단순히 인간의 마음에 평안을 주기 위한 도구라고 생각하는 것은 초월적 세계를 믿지 않는 사람들이 만든 종교의 정의입니다. 그러나 이 세상의 존재 이유와 인간의 존재 이유를 알 수 있는 유일한 정보가 성경에 있기 때문에 성경 말씀을 믿지 못하는 사람들은 어둠에서 방향 없이 헤맬 수밖에 없습니다. 누구든지 겸손한 마음으로 세상을 바라본다면 인간의 지식이나 경험은 한계가 있으며, 피조물인 인간이 창조주 하나님 없이 세상을 설명하기란 불가능하다는 것을 인정할 수밖에 없습니다.

4. 세상 사람들은 창조와 진화에 대하여 어느 것을 진리라고 생각하나요? 그렇게 생각하는 이유는 무엇일까요?

과학자들이 진화를 유일한 과학적 사실로 주장하는 것은 초월적 존재가 없다고 전제하고, 자연만을 연구하면 모든 것을 알 수 있다는 믿음(자연주의 세계관)을 확고하게 갖고 있기 때문입니다. 그렇기 때문에 증명할 수 없을 뿐 아니라 과학적 증거와 상반되는 진화론을 유일한 과학적 사실로 교육하고 있습니다. 초월적 세계가 존재하지 않는다는 믿음은 과학이고, 초월적 세계가 존재하는 것을 믿는 것은 종교라고 합니다. 이런 진화론 교육을 일방적으로 받은 많은 사람들이 진화는 과학이고, 창조는 종교라고 생각하는 것은 당연할지도 모릅니다.

주제2 하나님의 놀라운 솜씨와 지적설계이론

위대한 대가들의 미술작품이나 음악은 사람들을 감동시키고, 이에 사람들은 박수와 찬사를 대가들에게 보냅니다. 사람들이 만든 조각, 미술, 첨단 기술과도 비교할 수 없는 놀라운 우주, 물질, 생명, 지구, 나무 하나, 풀잎 하나를 보면서 우리는 하나님의 놀라운 솜씨에 감탄하고 하나님께 영광을 올려야 합니다. 하나님께서는 우리들이 하나님께서 하신 일을 보고 감탄하고 하나님을 칭찬하는 것(경배, 찬양)을 기뻐하십니다. 그런데 반대로 사람들은 하나님이 창조하셨다는 것조차 인정하지 않으려고 합니다. 그러나 최근 미국에서 등장한 지적설계이론은 분명하게 보이는 설계의 증거를 학문적으로 정립하여 진화론을 궁지에 몰아 넣었습니다.

5. 하나님이 만드신 피조 세계에는 무엇이 드러나 있나요?(롬 1:20)

지적설계이론의 시작

1986년 마이클 덴튼은 무신론자이지만 진화론의 오류를 고발하며 『위기에 처한 진화론』이란 책을 출간하였습니다. 한편 대표적인 진화론자의 한 명인 리처드 도킨스는 19세기 신학자 윌리엄 페일리가 하나님을 '시계공'에 비유한 논문을 비판적으로 패러디하여, 『눈먼 시계공』이라는 책을 1987년 출간합니다. 설계된 것처럼 보이는 세상이지만 진화의 과정을 통해 그렇게 된 것이라고 교묘한 말로 설계 논쟁을 피해 버립니다. 이 두 권의 책을 함께 읽은 필립 존슨(UC 버클리대 법학과 교수)은 진화론의 비논리성에도 불구하고 진화론만이 교육되고 있는 현실에 의문을 품게 되었습니다. 1991년 필립 존슨은 『심판대 위의 다윈』이라는 책을 통해 진화론의 모순과 진화론의 토대인 '자연주의 세계관'에 대하여 비판을 하였고, 이를 계기로 "지적설계이론"이 시작됩니다.

6. 아래 사진은 미국 러쉬모아 산에 있는 바위얼굴과 소연평도(한국)에 있는 바위얼굴입니다. 어느 것이 사람들이 계획해 조각한 것일까요?

▎그림 3-1 미국 러쉬모아 산 바위얼굴

▎그림 3-2 소연평도 바위얼굴

너무나 당연한 것을 물어보니까 당황스럽지 않으세요? 그런데 이런 당연한 것을 과학적인 이론으로 설명하기 위해 만든 것이 "지적설계이론"입니다. '분명히 보여 알게 되는 것'을 학문적으로 설명하기 위해 이론이 만들어진 것은 진화론 때문입니다. 지적설계이론을 통해 러쉬모아 산의 바위얼굴이 설계된 것이라고 주장할 수 있는 것은 '낮은 확률과 특수한 패턴'을 가졌기 때문입니다. 확률적으로 이런 현상이 우연히 일어나기에는 너무나 희박합니다. 그렇지만 어쩌다가 일어날 수도 있지 않느냐고 강변할 수도 있습니다. 그렇기 때문에 특수한 패턴까지 함께 가졌다는 것을 보여 주는 것입니다. 즉, 4명의 얼굴이 바위에 새겨질 확률도 작지만, 새겨진 얼굴이 모두 미국의 역대 대통령 얼굴을 닮는 특수한 패턴이 있다는 것은 '우연히 만들어졌다'기보다는 의도적으로 만든 것으로 판단하는 것이 훨씬 논리적입니다. 이와같이 물질 세계와 생명체의 질서를 연구하면 우연히 생긴 것이 아니라 의도적으로 만들어졌다고 판단할 수 있는 것입니다.

지적설계이론의 발전 필립 존슨 이후 지적설계론의 구체적인 방법론이 개발되기 시작하였습니다. 마이클 베히의 『다윈의 블랙박스』(1996년), 윌리암 뎀스키의 『지적 설계』(1999년) 등의 책을 통해 학문적인 체계를 갖추기 시작하였습니다. 이런 방법론 중에 '작은 확률과 특수한 패턴'에 의해 설계를 이론적으로 증명하는 방법이 있습니다. 이외에도 '뺄 수 없는 완벽한 구조'라는 측면에서 설계를 증명하는 이론도 있습니다. 이 이론은 흔히 '환원 불가능한 복잡성 혹은 한 요소도 제거 불가능한 복잡성'이라고 많이 표현하고 있는데 말이 어렵게 느껴집니다. 그러나 개념은 어렵지 않습니다. 만약 진화된 것이 옳다면 현재 상태에서 어떤 것(진화된 것)을 제거하여 진화되기 전 단계로 돌아가더라도 나름대로 기능을 할 것이고, 그렇지 않고 설계된 것이 옳다면 어떤 것을 하나라도 제거하면 제대로 기능하지 못할 것이라는 것입니다. 예를 들어 쥐틀에서 어떤 부속 하나라도 제거하면 쥐틀로서의 기능을 하지 못하는 것처럼 생명체에서 어떤 부분을 제거해도 제대로 기능할 수 있는지를 조사하는 것입니다. 생명체의 복잡성은 부분과 부분들이 서로 밀접하게 관련되어 있기 때문에 어떤 부분을 제거하면 생명체가 유지될 가능성은 매우 낮은 것입니다.

굳이 이러한 복잡한 지적설계이론을 동원하지 않아도 피조 세계에는 하나님의 독특하고 놀라운 솜씨를 얼마든지 볼 수 있습니다.

하나님의 걸작품 딱따구리 하나님께서 창조하신 피조물 중에 어떤 피조물도 우연하게 저절로 생긴 것은 없지만 그중에서도 아주 독특한 딱따구리에 대하여 생각해 봅시다. 딱따구리는 새 중에서 독특하게도 나무를 쪼아서 속에 있는 벌레를 잡아먹는 새입니다. 딱따구리는 1) 나무를 쫄 수 있는 든든한 부리, 2) 몸의 균형과 힘을 받쳐줄 수 있는 꼬리, 3) 1분에 천 번 이상 나무를 쪼아도(중력의 1000배) 뇌진탕을 일으키지 않는 머리뼈와 뇌의 완충 장치, 4) 벌레를 잡을 수 있는 낚시 바늘 같은 혀의 끝 모양, 5) 나무 깊숙이 들어갈 수 있는 긴 혀, 6) 긴 혀를 둘 수 있도록 혀가 뇌의 뼈를 감고 돌아가는 구조로 되는 등 어떤 새가 진화

되어 이토록 복잡한 딱따구리가 된다는 것은 상상할 수 없는 일입니다.

딱따구리가 일반 새로부터 진화되어 이런 형태를 갖춘다는 것이 불가능하다는 것은 누구도 쉽게 알 수 있습니다. 딱따구리는 처음부터 그렇게 창조된 것입니다. 딱따구리뿐만 아니라 모든 만물에 하나님의 솜씨가 깃들어 있습니다.

가장 평범한 잎사귀 하나도 예외가 아닙니다. 잎에서는 물, 이산화탄소, 빛만 있으면 '탄소동화작용'이 일어납니다. 21세기의 발전된 과학 기술로도 이 탄소동화작용은 흉내도 내지 못하고 있습니다. 만약 인간이 이런 탄소동화작용을 재현할 수 있다면 식량 문제는 벌써 해결되었을 것입니다. 발전된 과학 기술로도 하지 못하는 정교한 설

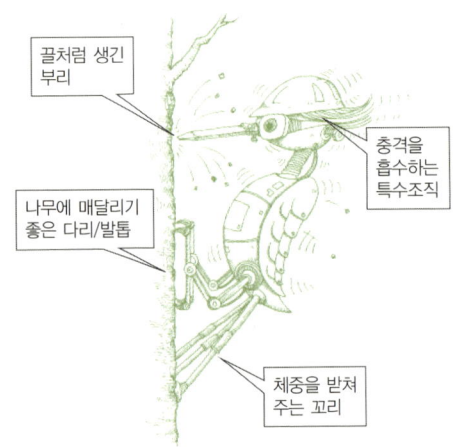

┃그림 3-3 딱따구리의 기능에 맞춘 설계

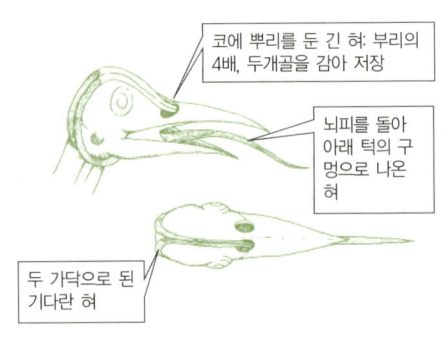

┃그림 3-4 긴 혀를 갖기 위한 특수 구조

계 장치가 잎사귀마다 있습니다. 이런 창조의 신비를 거부하는 것은 진화론에 사로잡혀 보아도 보지 못하기 때문입니다.

하나님과 인간 주제 3

하나님의 피조 세계에서 최고의 걸작품은 사람입니다. 하나님은 사람들을 나의 찬송을 부르게 하기 위해 창조하셨다고 선포하셨고(사 43:21), 나의 영광을 다른 자에게 나의 찬송을 우상에게 주지 않으시겠다고 하셨습니다(사 42:8). 우리는 하나님께 찬송을 올리기 위해, 다시 말해 하나님이 하신 일을 기뻐하고 칭찬해 드리고 영광 돌리기 위해 창조된 존재입니다. 하나님께서는 모든 만물을 창조하시고, 마지막으로 사람을 창조하셨습니다. 모든 것을 갖춘 후에 사람을 창조하신 것입니다.

7. 이사야서는 하나님께서 이 세상을 창조하신 이유를 무엇이라고 기록하고 있습니까?(사 45:18)

8. 성경은 사람이 어떤 존재라고 표현하고 있습니까?(시 8:5-6, 호 1:10, 갈 4:6)

사람은 하나님을 대신하여 땅을 다스리는 위대한 존재로 창조되었습니다. 인간이 하나님을 대신할 수 있는 것은 하나님의 형상에 따라 창조된 하나님의 자녀이고, 하나님으로부터 이 땅을 다스리는 통치권을 위임받았기 때문입니다(창 1:26). 그러나 첫 사람 아담은 하나님이 주신 자유의지로 순종보다는 불순종을 선택함으로써 이 땅을 하나님의 뜻대로 다스리는 데 실패하였습니다(창 3:1-7). 인간의 불순종으로 인해 이 땅에서 하나님의 뜻이 온전히 이뤄지지 않게 되었습니다(마 6:10).

사람들은 하나님이 계시다면 세상이 왜 이 모양이냐고 따집니다. 하나님을 믿지 않으면서 책임은 하나님께 돌립니다. 그러나 하나님께서는 이 세상에서 일어나고 있는 일에 대한 책임을 사람에게 물으십니다. 왜냐하면 이 땅의 통치권을 사람에게 위임하셨기 때문입니다. 그런데 그 통치권에 문제가 생긴 것입니다. 사람이 하나님의 뜻대로 통치권을 발휘하지 못하고 사단이 자기 뜻대로 세상을 좌지우지하고 있습니다(엡 2:2).

9. 인간의 불순종 이후 이 땅의 통치권은 어떻게 되었나요?(눅 4:5-6)

사단은 창조주 하나님이신 예수님 앞에서 감히 이 땅의 통치권이 자신에게 있다고 주장하고 자신을 경배하라고 유혹합니다. 그러나 인간으로 오신 예수님은 하나님의 말씀으로 사단의 유혹을 물리치셨고, 십자가의 죽음으로 인간의 모든 죄를 대속하셨고, 부활을 통해 우리들도 예수 그리스도 안에서 부활에 동참할 수 있도록 하셨습니다. 땅의 통치권 입장에서 보면, 예수님은 완벽한 사람으로 오셔서 하나님께 완전한 순종을 통해 사람이 사단에게 넘겨주었던 통치권을 사람인 예수님이 되찾으신 것입니다(롬 5:19).

10. 예수님이 십자가에 죽으시고 부활하셔서 땅의 통치권을 회복하셨기 때문에 무엇이 가능하게 되었나요?(마 28:18-20)

   불순종하는 사람들이 하나님께 순종하는 자녀로 변화되면 이 땅에 하나님의 뜻이 이뤄지도록 하는 바른 통치권을 발휘할 수 있게 됩니다. 예수님은 자신이 하는 일을 우리도 하며, 더 큰 일도 할 것이라고 말씀하셨습니다(요 14:12). 이제 십자가의 보혈의 능력, 부활의 능력, 성령님의 능력을 힘입어 우리도 예수님처럼 순종하며 예수님 안에서 이 땅에 하나님의 나라가 확장되는 일을 권위를 가지고 할 수 있게 되었습니다. 우리 자신들도 예수 그리스도의 장성한 분량에 이르도록 성장해야 하는 사람들입니다(엡 4:13). 이 말씀은 교회 공동체에 주신 말씀이지만 우리 각자도 그렇게 되어야 할 것입니다. 우리의 힘으로 되지 않기 때문에 성령님이 우리와 함께하시는 것입니다. 하나님께서는 우리를 통해 영광받기 원하십니다.

3과 | "창조주 하나님의 영광"을 마치며

    하나님이 모든 만물에게 영광과 존귀와 능력을 받으시기 합당한 이유는 모든 만물을 그 뜻대로 창조하셨기 때문입니다. 하나님의 창조는 하나님의 자랑이며 영광인데, 사람들은 창조주이신 하나님을 인정하지 않으려고 합니다. 하나님의 피조 세계에는 하나님의 능력과 신성이 분명하게 드러나 있지만 진화론은 과학의 이름으로 창조를 부인합니다. 그러나 하나님의 피조 세계에는 참으로 놀라운 질서와 독특함이 있다는 것을 누구도 부정할 수 없습니다. 딱따구리 한 마리에도, 잎새 하나에도 진화론으로는 도저히 설명할 수 없는 놀라운 설계가 담겨 있습니다. 지적설계이론은 하나님의 놀라운 설계가 결코 우연히 될 수 없다는 것을 학문적으로 보여 주는 도구일 뿐 하나님을 직접적으로 드러내는 것은 아닙니다.

    진화론은 창조를 부인함으로써 인간의 정체성을 공격합니다. 사람은 창조주 하나님께 영광을 드리기 위해 창조된 존재입니다. 사람은 이 땅을 다스리도록 창조되었고, 이 땅을 잘 다스려 하나님의 영광을 드러냈어야 했습니다. 그러나 인간이 범죄함으로 사단은 이 땅의 통치권을 자기 것처럼 사용할 수 있게 되었고, 그 결과 세상은 너무나 비참하게 되었습니다. 그러나 사람으로 오신 예수님은 온전한 순종으로 땅의 통치권을 회복하셨습니다. 이제는 하늘과 땅의 모든 권세를 가지신 예수님의 명령에 따라 우리도 자신의 창조 목적을 회복하여 이 땅에 하나님의 나라를 확장하고, 하나님께 영광을 올릴 수 있게 되었습니다.

과 학 이 성 경 으 로 열 린 다

04 하나님의 형상, 사람

하나님이 이르시되 우리의 형상을 따라 우리의 모양대로 우리가 사람을 만들고 그들로 바다의 물고기와 하늘의 새와 가축과 온 땅과 땅에 기는 모든 것을 다스리게 하자 하시고 (창 1:26)

인간의 정체성

인간이 어떤 존재인가에 대한 근본적인 질문은 인간이 어떻게 사는 것이 옳은가에 대한 대답과 관련되어 있습니다. 많은 사람들이 이런 질문은 단지 철학적인 질문에 불과하고, 그저 열심히 돈벌어 잘 먹고 잘 사는 것이 최고의 가치인 것처럼 생각합니다. 이 세상이 전부라면 그렇게 살아도 될 것입니다. 그러나 이 세상이 전부가 아니라 이 세상을 창조하신 하나님이 계시고, 새로운 창조가 기다리고 있다면 모든 것을 다시 생각해야 할 것입니다.

모든 사람들에게 학교에서 교육하고 있는 진화론은 사람이 단지 동물 중의 하나라고 말하며, 지금 현재 다른 동물에 비해 진화가 더 되었을 뿐이고 앞으로 더 진화된 다른 존재가 나올 수 있다고 주장합니다. 이런 주장이 사실이라면 인간은 우주의 역사 속에서 단지 잠깐 살다 없어지는 존재에 불과할 것입니다. 자연 속에 극히 작은 일부분에 불과할 것입니다.

1. 생물학적 진화론은 인간과 자연의 관계를 어떻게 설명하나요?

진화론과 창조론에서 보는 환경과 인간

진화론은 돌연변이와 자연선택을 통해 진화가 일어난다고 주장하고, 그중에서도 자연선택이 진화의 가장 중요한 기전이라고 믿습니다. 생명체가 진화하는 이유도 자연선택이 되기 위해서라는 것입니다. '자연'이 신과 같은 존재가 된 것입니다. 그래서 진화론적 생태학자나 환경론자들은 자연이 파괴되는 것을 극도로 싫어합니다. '신'이 파괴되는 것과 같기 때문입니다. 기독교적 생태학자나 환경론자들은 하나님께서 이 땅의 모든 것을 다스리라고 하셨기 때문에 자연을 잘 보호하고 유지해야 할 책임이 인간에게 있다고 생각합니다. 인간이 범죄함으로 말미암아 인간과 다른 피조물과의 조화로운 관계가 깨어졌기 때문에 환경을 잘 관리하고 회복하는 것은 하나님의 피조 세계를 잘 관리해야 하는 우리의 책임입니다. 창조론적 입장에서 사람은 자연의 관리자이며, 하나님이 허락하신 범위 내에서 자연을 활용할 수 있습니다. 어디까지 활용하고 보호해야 하는지는 분명하게 정할 수는 없습니다. 관리자로서 선한 청지기의 역할을 하는 것은 결코 쉽지 않은 일이며, 끊임없이 환경 보호를 위해 노력하는 것이 필요합니다. 그렇지만 진화론적 입장에서 인간의 존재는 환경의 관리자가 아니라 자연을 파괴하는 기생충과 같은 존재로 여깁니다. 자연의 일부에 불과한 인간이 자연을 너무 많이 파괴하고 있기 때문입니다. '환경 보호'는 모든 사람들이 받아들이는 가치이지만, 환경과 사람과의 관계에 대하여 진화론적 입장과 창조론적 입장은 큰 차이가 있습니다.

인간의 정체성은 인간 스스로 정할 수 없습니다. 인간의 정체성은 오직 인간을 창조하신 하나님과의 관계에서 정립될 수 있습니다. 성경은 인간이 하나님의 형상에 따라 창조된 독특한 피조물이며, 이 땅을 다스리도록 창조된 위대한 존재라고 말합니다(창 1:26-28). 진화론적 관점과 성경에서 말하는 인간의 정체성에는 너무나 큰 차이를 보이고 있습니다. 창조주 하나님을 거부하는 사람들은 인간의 바른 정체성을 상실하여 하나님의 진노를 받을 수밖에 없습니다(롬 1:18).

2. 인간의 정체성을 손상시키는 것은 무엇일까요?(창 9:6, 출 20:12-17, 롬 1:21-32)

_____

_____

_____

하나님과 사람과의 관계, 사람과 사람의 관계를 해치는 것은 하나같이 인간의 정체성을 손상시킵니다. 진화론은 하나님과 사람과의 관계, 사람과 사람과의 관계에 심각한 영향을 주어 인류 역사에 큰 해악을 끼쳤습니다. 하나님이 없다고 주장하고, 사람 중에서도 우열이 있다고 주장하여 인종 차별, 노예제도 등을 당연시하였습니다. 약육강식과 같은 논리를 당연한 것처럼 주장해서 제국주의를 정당화하였습니다.

독일의 나치즘은 진화론의 주장을 신봉하여 자신들이 가장 진화된 두개골의 형태를 가진 민족임을 주장하였고, 유대인들이나 장애인, 집시 등을 세상에서 없애는 것이 인류에 유익하다는 명분으로 대량 학살을 자행하였습니다. 지금도 백인 우월주의자들은 나치즘을 앞세우고 있고, 인종 청소 등의 잔악한 범죄 행위가 지속되고 있습니다.

3. 예수님을 통해 구원받는 것은 우리의 신분이 어떻게 변화되었다는 것을 의미합니까?(골 1:13-14, 요 1:12)

예수님을 통해서 우리가 하나님의 자녀가 되었다는 것은 죄의 종으로부터 해방되었다는 것을 의미하지만, 좀 더 깊이 살펴보면 우리가 원래 창조되었던 위대한 하나님의 형상으로 회복되는 것을 의미합니다. 한 사람 한 사람이 너무나 귀하고 위대한 존재입니다. 예수님의 죽음과 부활 이후 성경은 우리들이 하나님의 자녀임을 증거하고 있으며(엡 1:4-5, 히 2:11), 우리가 하나님의 아들이기 때문에 아들의 영을 우리에게 보내신 것입니다(갈 4:6). 따라서 구원받았다는 것은 하

나님의 형상을 닮아 창조되어 이 땅을 다스리던 권세를 다시 갖는 것을 의미합니다. 창조의 목적, 즉 사람의 정체성을 회복한 우리는 예수님의 이름과 권세로 이 땅에 하나님의 나라를 확장하는 일을 하는 것입니다.

인류 조상의 화석이 있다는 거짓 주장들 주제2

하나님이 창조하신 것 중에 하나님의 형상을 닮은 것은 사람밖에 없습니다. 우리의 육체적 특징이 하나님의 형상을 의미하는 것은 아니지만, 인간은 지구 위에서 유일하게 직립 보행하는 존재입니다. 그밖에도 인간은 다른 동물들과는 확연히 구분되는 많은 특성들이 있습니다. 현재 인간이 이루고 있는 역사와 과학, 문화, 예술 등이 그런 특성을 잘 나타내 보여 주고 있습니다. 그러나 진화론은 사람이 우연히 진화된 존재라고 보기 때문에 뻔히 보이는 인간 존재의 고유 특성을 강조하지 않고, 동물과의 유사점을 강조하여 진화되었음을 주장합니다. 또한 인간으로 진화되기 전 단계의 조상 화석이 있다고 끊임없이 주장합니다. 이미 화석에 진화의 증거가 없다는 것이 명백히 밝혀진 지금도 인간에 대해서만은 계속 조상 화석을 주장하고 있습니다.

4. 인간으로 진화되기 전의 조상 화석을 발견했다는 주장이 매스컴을 통해 심심치 않게 등장합니다. 과연 이런 화석이 존재할 수 있을까요?

___

___

거짓 인류 조상 화석들

오스트랄로피테쿠스 : 인류의 조상이라고 주장하지만, 단지 멸종한 원숭이 뼈에 불과하며, 인류의 조상이라고 주장할 아무런 근거가 없습니다. 진화론 과학자들 중 쥬커만 경과 같은 해부학자도 원숭이 뼈일 뿐이라고 주장하는 등 일반 과학자들 사이에서 오스트랄로피테쿠스는 멸종한 원숭이에 불과하다는 주장이 대두되고 있습니다.

원숭이와 인간의 중간 단계라는 쟈바인 : 듀보아가 1891년 발견하여 인류와 원숭이의 중간 단계라고 발표했던 쟈바인은 원숭이 머리 뼈 일부와 사람의 다리 뼈 일부였습니다. 이 뼈들은 15m 떨어져 있었고, 이 뼈들과 함께 사람의 두개골도 발견하였으나 숨겨졌습니다. 1922년 다른 학자들에 의해 사람의 두개골이 발견되자 그때서야 듀보아는 인간 두개골 발견을 시인했습니다. 듀보아가 주장한 쟈바인은 발견 당시부터 회의적인 시각이 많았고, 지금은 일부 진화론자

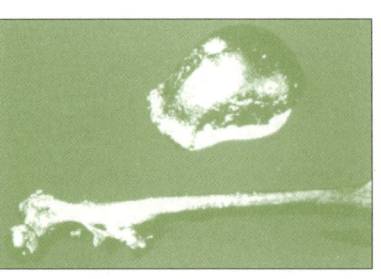

┃ 그림 4-1 쟈바인 뼈로 주장한 원숭이 두개골과 사람의 다리뼈

들을 제외하고는 인정하지 않고 있습니다.

원숭이와 인간의 중간 단계는 없습니다 : 자바인 외에도 사람과 원숭이의 중간 단계라고 주장했던 화석들은 멧돼지 이빨에 불과한 것(네브라스카인)을 인류의 조상으로 잘못 해석하였거나 필트다운인과 같이 거짓 증거뿐입니다. 반면 네안데르탈인, 크로마뇽인 등은 사람입니다. 대홍수 이전의 사람들일 가능성이 큽니다. 모든 화석은 각각 종류대로 뚜렷이 구별되며, 사람과 원숭이의 구별도 뚜렷합니다. 중간 단계 화석은 전혀 존재하지 않고, 존재할 수도 없습니다.

인간이 진화되었다는 믿음이 너무나 널리 퍼져 있기 때문에 사람들은 인간의 몸에 진화의 흔적이 남아있다고 생각합니다. 진화되기 전에는 필요했지만 진화된 후에는 필요 없게 된 퇴화기관 또는 흔적기관이 있다는 주장입니다. 의학과 과학이 발전되기 전에는 인간의 몸에 진화의 흔적기관이 350개 이상이라고 주장된 적도 있습니다.

그러나 이제는 사람의 몸에 퇴화기관이 있다는 말을 하지 않습니다. 과거 퇴화기관이라고 생각했던 뇌의 뇌하수체는 매우 중요한 호르몬 분비기관으로 이미 밝혀졌고, 염증이 생기기 때문에 없애야 한다고 생각했던 맹장(충수돌기)과 편도 역시 지금은 면역에 중요한 기능을 한다는 것이 밝혀졌습니다. 퇴화기관, 흔적기관이라면 기능이 없어야 하는데 모두가 제 기능이 있는 것이 밝혀졌습니다. 진화가 일어날 수 없기 때문에 당연히 흔적기관이나 퇴화기관도 있을 수 없는 것입니다.

5. 사랑니처럼 기능을 하지 않고 말썽을 일으키는 것은 퇴화기관이 아닌가요?

　사람마다 질병에 대한 취약성이 차이가 있는 것처럼 사랑니도 모든 사람들에게 문제가 되는 것이 아니라 일부 사람들에게 문제가 되는 것입니다. 질병을 생각하면 이런 문제를 쉽게 이해할 수 있습니다. 하나님이 처음 인간을 창조하셨을 때는 질병이 없었지만 인간의 범죄한 이후 질병은 피할 수 없게 되었습니다. 또한 수명도 달라졌습니다. 홍수 이전의 사람들은 거의 1,000년 가까이 살았는데, 홍수 이후에는 수명이 급격히 감소하였습니다. 성경의 기록을 볼 때에 인간의 수명이 이처럼 단축된 것은 인간의 유전 정보가 과거보다 많이 손상되었기 때문이라고 추정할 수 있습니다. 따라서 사랑니처럼 나름대로 중요한 기능을 할 수 있는 치아가 제대로 위치를 잡지 못하는 경우도 있고, 나야 할 영구치가 없어 유치로 평생 살아야 하는 경우도 생기는 것입니다.

6. 진화론자들은 인간 내에서도 진화가 일어났다고 믿고 있을까요?

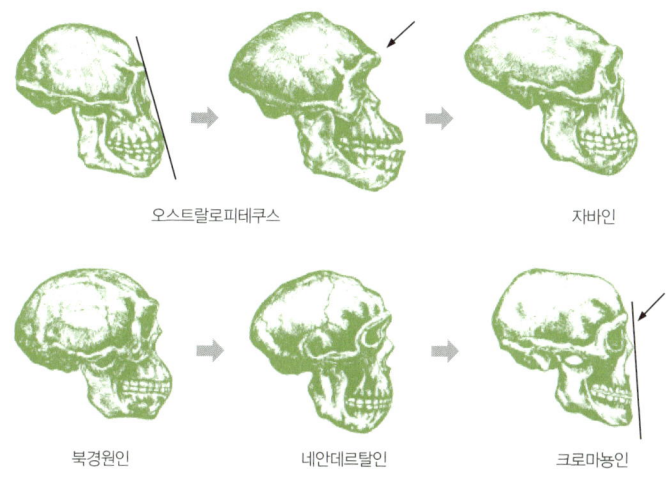

| 그림 4-2 진화 이론에 따른 두개골 변화

    인류는 다양한 인종으로 구성되어 있습니다. 이런 다양성은 하나님의 창조의 질서입니다. 하나님께서는 모든 생명체들을 종류대로 창조하셨고, 생육하고 번성하도록 축복하셨습니다(창세기 1장). 사람도 한 쌍의 부부로부터 시작하여 이처럼 다양한 인종을 구성하게 되었습니다. 그러나 진화론자들은 진화 과정을 통해 다양해졌다고 주장합니다. 증거도 없는 인류 진화를 주장하면서 진화론자들은 사람의 두개골이 진화하면서 안면경사각이 직각 방향으로, 눈 윗부분이 튀어나온 것이 들어가게 되었다고 주장하였고(그림 4-2), 아직도 그런 생각을 하는 사람들이 많습니다. 그러나 안면경사각이나 눈 위의 부위가 튀어나온 것은 진화가 덜 된 것이 아니라 단지 다양한 두개골의 형태를 보여 줄 뿐입니다.

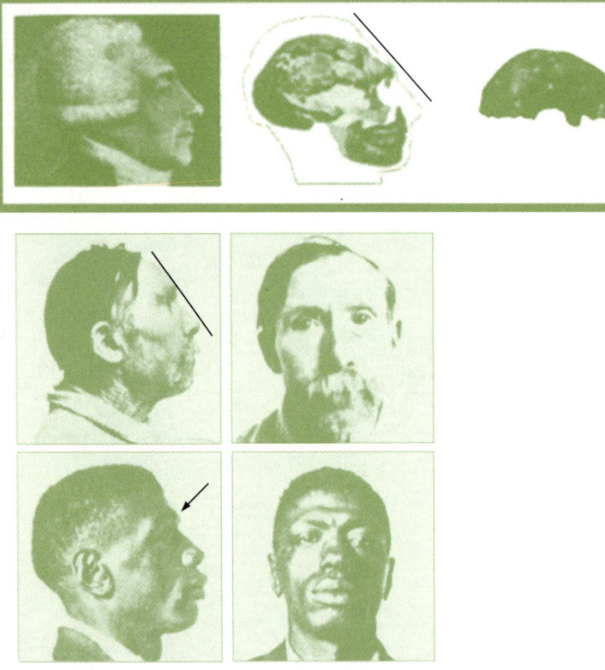

┃ 그림 4-3 안면경사각과 눈 위 돌출 구조

　만약 진화가 맞다면 미국 독립전쟁의 영웅인 라파이엣은 안면경사각 각도로 본다면 진화가 덜 된 사람이라고 생각해야 할 것입니다(그림 4-3). 눈 위 부위가 돌출된 것을 가지고 진화가 덜 된 사람이라고 주장할 수 있을까요? 그렇지 않습니다. 진화론은 인간이 아프리카에서 출현하였기 때문에 흑인으로부터 진화된 것이라고 주장하지만, 인류의 조상은 흑인도 백인도 아니었을 것입니다. 한 쌍의 부부로부터 후손이 번창하면서 다양해진 것입니다. 그렇다면 어떻게 그토록 다양해질 수 있을까 궁금해 할 수 있는데, 피부색이나 여러 특성들을 결정하는 유전자들의 조합에 의해 얼마든지 그렇게 될 수 있는 것입니다. 실제로 한 부부로부터 백인과 흑인 쌍둥이가 태어난 경우도 있습니다(참고: http:// urbanlegends.about .com/library/bl_black_and_ white_twins.htm). 진화되면서 유전자가 변화된 것이 아니라 유전자들의 구성이 다양해지면서 어떤 특성들이 강하게 나타나는 것입니다.

유전 정보와 인종의 다양성 　주제3

인종이 왜 다양해졌는지, 모든 인종의 조상은 성경에서 주장하는 것처럼 한 쌍의 부부인지 과학적으로 알 수 있을까요? 놀랍게도 과학이 발전할수록 신화 취급당하는 창세기 기록과 과학적 증거가 더욱 일치하고 있습니다. 1987년 1월 칸(Rebecca L. Cann) 박사 등은 다양한 인종의 미토콘드리아를 조사한 결과 모든 인류는 한 명의 여성으로부터 출발하였다는 것을 보여 주고 있다고 발표 하였습니다[Nature 325(6099):31-6, 1987]. 물론 진화론자인 이들은 이 여성이 성경의 이브가 아닌 아프리칸 이브라고 주장하였습니다. 이후 1995년 햄머(Hammer) 박사는 Y 염색체를 조사하여 모든 남성도 한 명의 조상을 가진다고 발표하였습니나[Nature 378(6555): 376-8, 1995]. 이런 연구들이 발표된 이후 다지역 진화설이 사라지고 인류는 한 곳에서 출현하고 진화되었다는 주장이 일반화 되었습니다.

7. 위의 결과들은 모두 진화론 과학자들의 연구입니다. 어떤 성경의 기록과 일치하며, 진화론 과학자들의 연구 결과와 성경의 기록이 일치하는 것을 어떻게 해석해야 할까요?(창 1:27, 3:20, 9:19)

인류의 다양성은 한 쌍의 부부로부터 얼마든지 가능한 것입니다. 한 쌍의 부부가 아무리 아기를 많이 낳아도 일란성 쌍둥이가 아닌 한, 같은 유전 정보를 가진 아이가 태어나지 않습니다. 다양성의 핵심은 부부간에 유전 정보가 교환되는 것입니다. 인류의 다양성은 이런 유전 정보의 교환 외에도 바벨탑 사건 이후 언어에 따라 인류가 흩어진 것과도 관련되어 있을 것입니다. 언어에 따라 흩어졌기 때문에 시간이 지나면서 어떤 특성들(피부색 등)이 강하게 나타나는 인종들로 구성되게 된 것입니다. 다양한 언어를 가진 인류가 같은 조상을 가졌다는 것은 성경에 기록된 바벨탑 사건이 아니라면 논리적으로 설명할 수 없습니다. 중요한 것은 어떤 사람도 인종이나 피부색 등에 의해 차별받을 수는 없다는 것입니다. 모두 한 부모로부터 나온 한 가족이기 때문입니다.

4과 | "하나님의 형상, 사람"을 마치며

"인류 진화의 가장 큰 기적은 원숭이에서 인간으로 진화되면서 수컷과 암컷이 남자와 여자로 함께 진화되었다는 것이다." 이 말은 역설적으로 진화가 있을 수 없다는 것을 말하고 있는 것입니다. 인간을 동물 수준으로 낮추는 진화론은 나치즘을 비롯한 국가 권력에 의한 인종 학살, 인종 차별, 노예제도 및 제국주의의 정당화 등 많은 해악을 끼쳤을 뿐입니다. 진화론의 거짓이 지금도 교육을 통해 강화되고, 진화의 거짓 증거들이 계속 주장되고 있지만, 과학이 발전할수록 실제로는 성경의 기록과 더욱 일치하는 결과들이 나오고 있습니다.

인류의 다양성은 진화에 의해 이뤄진 것이 아니라 성경의 기록처럼 생육하고 번성하면서 다양해진 것이며, 모든 인종은 한 부부로부터 나온 한 식구인 것입니다. 다양성은 하나님의 형상대로 창조된 사람 한 명 한 명이 독특하고 위대한 존재이며, 동시에 모든 인류가 한 공동체로서 예수 그리스도를 통해 창조주 하나님과의 관계가 회복되고, 창조의 목적대로 살아야 하는 것을 보여 주는 것입니다.

과학이 성경으로 열린다

05 다양성과 창조 목적

내 이름으로 불려지는 모든 자 곧 내가 내 영광을 위하여 창조한 자를 오게 하라 그를 내가 지었고 그를 내가 만들었느니라 (사 43:7)

주제1 창조의 질서, 다양성

세상에는 참으로 많은 생명체들이 있습니다. 사람도 여러 인종이 있습니다. 각 생명체의 구분은 뚜렷하지만 그 안에 다양성이 있습니다. 사람도 원숭이도 각각 다릅니다. 이런 다양성을 보면 하나님께서 각 생명체들을 독특하고 다양하게 창조하신 것에 감탄을 금할 수 없습니다.

1. 성경은 생물들이 어떻게 창조되었고, 어떻게 다양해졌다고 기록하고 있나요? (창 1:21,24,25 / 창 1:22, 28)

하나님은 같은 재료인 흙을 가지고, 말씀으로 들짐승과 새, 그리고 인간을 지으셨습니다. 모든 생명체들의 '생명의 기본 정보'가 같은 재료인 DNA로 구성된 것은 우연이 아닌 것입니다. 같은 DNA 재료를 가지고 어떤 정보를 구성하느냐, 즉 어떻게 설계하느냐에 따라 이처럼 다양한 종류의 생명체가 창조되는 것입니다. 하나님께서는 다양한 종류도 만드셨지만 종류 내에서 다양해지도록 창조하셨습니다. 즉 각각의 생명체가 종류 내에서 독특하도록 창조하셨습니다. 각각이 모두 다르지만 동시에 한 종류임을 쉽게 알 수 있습니다. 사람은 사람이고, 원숭이는 원숭이일 뿐입니다. 사람도 아니고 원숭이도 아닌 중간 단계를 보이는 생명체는 없습니다.

2. 진화론자들은 이런 다양성을 어떻게 설명할까요?

진화론자들은 이런 다양성을 '소진화'라고 주장합니다. 종류 내에 다양해진 것을 소진화라고 하는 것입니다. 이 소진화가 누적되어 한 종류가 다른 종류가 되는 대진화가 일어난다고 주장합니다.

종류(kinds)와 종(species) 성경에 표현되어 있는 '종류'라는 것은 과학자들이 말하는 '종'과는 다릅니다. 과학자들이 사용하는 '종'이란 서로 교배하여 자손을 번식시킬 수 있는 것을 의미합니다. 그런 의미에서는 종류와 종이 비슷하지만, 과학자들이 분류하는 종은 종류보다는 좁은 개념입니다. 왜냐하면 같은 다람쥐여도 서로 교배하지 않으면 같은 종이 될 수 없기 때문입니다. 생명과학의 발전은 앞으로 종류 내 다양성과 종류 간의 뚜렷한 차이를 구분하는 유전 정보에 대하여 밝혀 줄 것입니다. 그러나 진화론적 해석을 중시하는 생명과학 분야에서 이런 일이 이뤄지기 위해서는 많은 기도와 노력이 필요합니다.

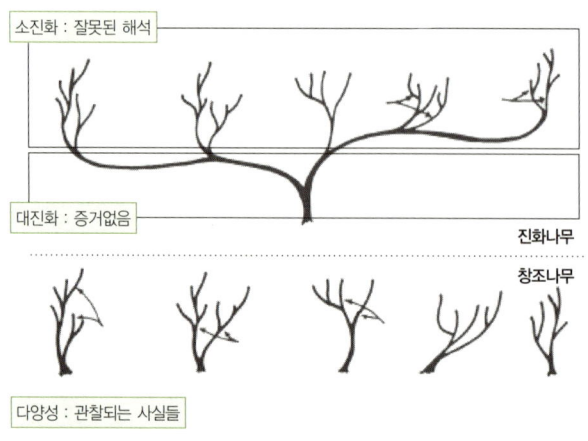

▌그림 5-1 다양성을 설명하는 진화나무와 창조나무

  진화론 자체가 다양성에 대한 잘못된 해석으로부터 시작된 것입니다. 다윈이 『종의 기원』이라는 책을 통해 진화론을 정립했지만 사실상 그가 관찰한 것은 갈라파고스 군도에 있는 생명체의 다양성이었습니다. 진화론이 처음 대두되었을 때 진화론이 주장하는 다양성은 진화론을 매우 과학적인 것처럼 보이게 하였습니다. 왜냐하면 생명체 각각이 독특하고 다른데 하나님께서 각각을 창조하였냐고 물었을 때 창조론자들은 답변을 할 수 없었습니다. 예를 들어 흑인, 백인, 황색 인종을 각각 하나님께서 창조하셨냐고 물어보면 아담과 하와로부터 태어난 자손들이 다양해진 것이라고 자신있게 대답을 하지 못합니다. 1860년 옥스퍼드대학에서 열린 창조론과 진화론의 첫 번째 공개 논쟁에서도 바로 이런 다양성에 대하여 답변을 제대로 하지 못했던 것입니다. 하나님께서 종류대로 창조하시고, 종류 안에서 다양해지도록 하신 창조 원리를 몰랐기 때문입니다.

그러나 이제는 다양성을 돌연변이와 자연선택이라는 진화의 과정을 통해 된 것이라는 억지 해석을 하는 것보다 유전 정보의 교환으로 이뤄진 것으로 해석하는 것이 훨씬 과학적이라는 것이 명백해졌습니다. 즉, 진화론이 주장하는 소진화는 다양성에 대한 잘못된 해석일 뿐이며, 대진화는 증거가 전혀 없는 것입니다. 관찰되는 사실은 오직 다양성이며, 이런 다양성은 창조 질서의 일부이고, 진화와 아무 상관이 없는 것입니다.

인간의 다양성과 창조 목적 _주제2_

세상에는 수없이 많은 사람들이 살고 있습니다. 치열한 경쟁이 사람과 사람 사이 뿐 아니라 국가와 국가, 기업과 기업, 자본과 자본 사이에 더욱 심화하고 있습니다. 이런 복잡하고 다양하고 치열한 경쟁이 있는 사회에서 각 사람의 의미는 과연 무엇일까요? 진화론은 인간을 열등한 인간과 우월한 인간이 존재하며 치열한 생존 경쟁 속에서 살고 있는 존재라고 생각합니다. 현대 자본주의 시대에서 인간의 삶은 진화론적 주장처럼 치열한 경쟁 속에 다른 사람보다 나은 사람이 되는 것이 중요한 가치관처럼 되었습니다. 또한 진화론과 유물론에 바탕을 둔 공산주의는 인간을 수단에 불과한 것으로 믿습니다. 인간을 한낱 도구처럼 생각하거나 우월하거나 열등한 인간이 있다고 믿는 생각들은 하나님의 위대한 창조 계획이 각자의 사람들에게 있다는 섭리를 무시하는 거짓된 생각들입니다. 병이 있거나 지능이 낮거나 재물이 없는 것 혹 지위가 낮다고 해도 인간은 누구나 독특한 부르심과 사명이 있는 위대한 왕과 같은 존재입니다(벧전 2:9). 하나님의 은사와 부르심에는 후회하심이 없기 때문입니다(롬 11:29). 각자의 창조 목적이 다른 것은 우리를 공동체로 부르신 하나님께서 우리가 함께 모였을 때 더욱 아름다운 전체가 되도록 하기 위해서입니다(롬 12:4,5). 마치 각각의 연주자들이 모여 오케스트라를 이루는 것과 같습니다.

3. 자신과 똑같은 사람이 이 세상에 존재할 수 있다고 생각하나요?

인간의 유전 정보가 형성되는 과정을 고려할 때 똑같은 유전 정보

를 가진 사람이 우연히 존재할 가능성은 전혀 없습니다. 유전 정보는 우리 몸의 설계도입니다. 부모로부터 각각 유전 정보를 받아 자신의 독특한 유전 정보가 만들어지는 것입니다. 한 부모로부터 태어나는 모든 자녀는 각각 독특한 유전 정보가 만들어집니다. 일란성 쌍둥이는 DNA 유전 정보는 동일하지만 태어날 때부터 독특한 성향을 가지고 태어나며 지문도 서로 다릅니다. 창조 이래로 자신과 같은 유전 정보를 가진 사람은 절대로 없습니다. 이런 사실은 굳이 유전 정보를 연구하지 않아도 경험적으로 알고 있습니다. 그러나 왜 모든 사람이 각각 독특한 존재가 되어야 하는지에 대해서는 성경을 모르면 알 수 없습니다.

4. 성경은 이런 인간의 독특성을 무엇이라고 표현합니까?(벧전 2:9, 롬 12:6, 갈 6:5, 마 16:24)

5. 각 사람마다 다르고 독특한 것은 사실이지만 사람들 간에 우열의 차이는 있는 것이 아닌가요?(엡 2:10)

사람들 간에 재능의 차이는 서로 재능이 다른 것이지 우등한 존재와 열등한 존재는 없습니다. 또한 부족한 지체에게 존귀를 더하시고(고전 12:24), 세상의 약한 것들을 택하셔서 강한 것들을 부끄럽게 하시는 분이 하나님이십니다(고전 1:27).

6. 우리가 서로 다르다는 것은 하나님 안에서 어떤 의미가 있습니까?(엡 2:22, 갈 3:28, 요일 4:12, 요 13:35)

우리 각자는 하나님의 위대한 창조 목적을 가지고 독특하게 태어났으며, 예수 그리스도 안에서 하나가 되는 존재입니다. 바울은 이런 모습을 한 몸에서의 여러 지체로 표현하였습니다(고전 12:12-27).

7. 성경은 하나님께서 언제부터 각 사람의 존재를 알고 계시다고 하나요?(렘 1:5, 시 139:16, 엡 1:4-5)

하나님께서는 어떻게 우리가 잉태되기도 전에 우리를 알고 계실까요? 조금만 생각하면 하나도 이상하지 않습니다. 예를 들어 비행기를 설계하는 사람이 비행기가 다 만들어진 후에야 그 비행기를 안다고 하면 그것이 더 이상할 것입니다. 비행기의 설계자는 비행기가 만들어지기 전, 설계도가 만들어지기 전에 이미 그 마음 속에 완성된 비행기가 있을 것입니다. 하나님도 마찬가지입니다. 사람이 잉태되기 전부터 하나님의 마음에 우리가 있었습니다.

8. 하나님은 언제 각 사람에게 창조 목적을 부여하셨나요?(렘 1:5, 엡 1:4-5)

_____

_____

설계자가 설계도를 그리기 전부터 어떤 비행기를 만들 것인지에 대한 목적을 가지고 시작하듯이 하나님께서 우리의 설계도(유전 정보)를 만들기 전에 창조 목적을 먼저 부여하셨고, 설계도는 그 창조 목적에 따라 이뤄진 것입니다. 우리 각 사람이 하나님의 위대한 창조 목적을 지니고 태어난 존재임을 알아야 다른 사람들도 똑같이 하나님의 위대한 창조 목적을 지니고 태어났다는 것을 인식할 것입니다. 서로 비교하여 우열을 따질 수 없는 각자 독특한 사명과 능력을 지니고 태어난 것입니다.

> **창조의 목적과 예정** 우리 각자가 하나님의 창조 목적을 지니고 태어난다는 것은 하나님이 로봇처럼 미리 우리의 삶을 정해 놓고 살도록 했다는 것이 아닙니다. 우리는 자유로운 선택을 할 수 있도록 창조되었기 때문에 하나님의 창조 목적대로 살 것인지 아닌지도 우리의 선택에 달려있습니다. 분명한 것은 하나님의 창조 목적대로 살려고 할 때 자신만이 성취할 수 있는 위대한 창조 목적을 이룰 수 있을 것입니다. 각자가 다른 사람과 비교한다면 항상 부족한 부분이 있을 수밖에 없습니다. 왜냐하면 각자에게 부여된 독특한 바로 그 창조 목적을 이룰 수 있도록 설계된 사람은 이 세상에 각각 자신 밖에 없기 때문입니다. 자신만이 이룰 수 있는 삶의 목적을 향해 나아갈 때 어떤 누구도 그 사람과 경쟁 대상이 될 수 없습니다.

9. 사람들에게 복음을 전하는 목적은 무엇입니까?(행 14:15)

_____

_____

모든 사람들에게 복음이 필요한 이유는 모든 사람들이 하나님의 자녀의 신분으로 회복되어 독특하고 위대한 삶을 살아야 하기 때문입니다. 자신에게만 주어진 위대한 창조 목적을 발견하고 그 목적을 향해 전진하는 위대한 삶이 되어야 하기 때문입니다. 궁극적으로 하나님과 하나 되는 거룩한 삶, 하나님 안에서 하나님의 자녀들이 하나가 되는 기쁨의 삶, 하나님이 각자에게 부르신 사명을 감당하는 순종의 삶이 되어야 하기 때문입니다. 이런 삶을 내가 먼저 예수님 안에서 경험하고, 다른 사람들을 초청하는 것입니다. 자신의 창조 목적을 모르며 방향 없이 살고 있는 사람들에게 복음이 얼마나 기쁜 소식인지를 거룩한 감격과 열정을 가지고 전할 수 있게 됩니다. 예수님이 이 땅에 다시 오실 때까지 하나님의 나라를 확장한다는 것은 바로 창조주이신 하나님의 위대한 창조 목적이 각자의 삶에서 이뤄지는 것을 의미합니다.

유전 정보에서 인간 진화의 증거를 주장하는 진화론 〔주제 3〕

유전 정보는 인간이 여타 동물과 다르며, 각 사람마다 독특성이 있다는 것을 보여 주는 중요한 증거입니다. 그러나 진화론자들은 이 유전 정보 연구를 통해 진화의 증거를 보여 줄 수 있다고 주장합니다. 유전 정보는 우연히 혹은 저절로 생길 수 없고, 유전정보의 변화로 새로운 종류의 생명체로 변화되는 것도 불가능합니다. 유전 정보는 하나님의 창조 설계가 얼마나 오묘한지를 보여 주고 있습니다. 과학자들은 DNA 유전자를 조사하면 생명의 모든 것을 알 수 있을 것으로 기대하였지만, 연구가 계속 될수록 생명 현상을 유전 정보만으로 설명할 수 없고, 유전 정보도 훨씬 복잡한 기전으로 조절되고 있음을 알게 되었습니다. 인간의 지식이 증가할수록 더 분명해지는 것은 모르는 것이 더 많아진다는 것입니다.

10. 유수한 학술잡지(미국립과학원 회보 PNAS, 2003, 100:7181)에 발표된 논문에 의하면 '침팬지와 사람의 유전 정보가 99.4%가 동일하며, 침팬지는 오랑우탄이나 고릴라보다 인간에게 더 가까운 존재'라고 합니다. 전문적 지식을 판단할 수 없는 입장에 있는 그리스도인들은 이런 소식을 접할 때 어떻게 판단해야 할까요?

침팬지와 사람의 유전 정보가 99.4% 같다는 주장을 하는 논문을 살펴보면 참으로 어처구니가 없습니다. 이 연구는 3만 개가 넘는 사람의 유전자에서 침팬지와 공통적으로 존재하는 동일한 유전자 97개를 찾아 염기서열을 서로 비교한 결과입니다. 사람과 원숭이에게 공통적으로 존재하는 동일한 유전자를 비교하였으니 99% 이상 같게 나오는 것이 당연합니다. 인간 유전자 전체와 침팬지, 오랑우탄, 고릴라 등의 유전자 전체를 서로 비교했다면 전혀 다른 결과가 나올 것은 분명합니다. 이 공통 유전자들을 오랑우탄이나 고릴라의 유전자와 비교하려고 하니 동일한 유전자가 적어짐으로 침팬지가 오랑우탄이나 고릴라보다는 오히려 사람과 더 가깝다는 결과가 나온 것입니다.

연구 설계 자체가 처음부터 사람과 침팬지가 99% 이상 가깝게 나오고, 오랑우탄이나 고릴라보다는 멀게 나오도록 되어 있는 것입니다. 이미 결론을 만들고 그것을 뒷받침할 수 있는 연구 결과를 제시한 것입니다. 그러나 침팬지가 사람보다 오랑우탄이나 고릴라에 가깝다는 것은 누구나 외모만 봐도 알 수 있는 일입니다. 유전 정보를 설계도라고 한다면 눈으로 나타난 형태는 설계도의 결과인데 눈으로 보이는 것은 무시하고, 또한 설계도 중 극히 일부인 몇몇 유전자만 비교하면서 침팬지가 사람에 가깝다고 하는 주장은 실로 손바닥으로 하늘을 가리는 격입니다. 그럼에도 불구하고 이런 연구 결과를 대중에게 소개함으로써 마치 유전 정보가 진화를 잘 보여 주고 있는 것처럼 만드는 것입니다.

5과 | "다양성과 창조 목적"을 마치며

생명체의 다양성은 하나님의 창조 질서입니다. 특별히 인간의 다양성은 각 사람마다 독특하고 위대한 하나님의 창조 목적이 있음을 나타내고 있습니다. 그러나 진화론은 이런 다양성을 진화 과정을 통해 이뤄진 것이라고 주장합니다. 생명과학의 발전으로 유전 정보의 설계도를 해독하기 시작하였지만 아직도 유전 정보의 복잡한 조절기전을 다 알아 내지 못하고 있습니다. 유전 정보의 설계도는 하나님의 놀라우신 지혜를 나타내고 있지만, 진화론자들은 거짓 증거까지 만들어가면서 유전 정보가 진화를 보여 주고 있다고 주장합니다.

인간의 다양성에 대한 이해는 각자의 독특한 창조 목적을 발견하는 것, 함께 모여 공동체가 더 큰 창조 목적을 이루는 것이 얼마나 중요한지를 아는 데 필요합니다. 그리스도인들조차 세상은 치열한 생존 경쟁이기 때문에 이런 세상에서 살아남기 위해, 또는 우월한 존재가 되기 위해서 자녀들에게 엄청난 과외를 시키기도 하고 끊임없이 다른 사람들과 비교하면서 더 앞서 나가길 소망합니다. 그러나 속도보다 중요한 것이 방향입니다. 창조 목적을 알아야 바른 방향으로 나아갈 수 있습니다.

그렇지만 창조 목적으로의 부르심을 따라 가는 것은 결코 쉬운 길이 아닙니다. 하나님이 우리에게 주신 창조 목적이 너무나 크고 위대하기 때문입니다. 함께 계신 주님과 내주하시는 성령님께서 순종하는 우리를 그곳까지 이르게 하실 것입니다.

과 학 이 성 경 으 로 열 린 다

06 진화의 거짓 증거들

깊도다 하나님의 지혜와 지식의 풍성함이여, 그의 판단은 헤아리지 못할 것이며 그의 길은 찾지 못할 것이로다. 이는 만물이 주에게서 나오고 주로 말미암고 주에게로 돌아감이라 그에게 영광이 세세에 있을지어다 아멘 (롬 11:33, 36)

돌연변이와 자연선택은 있지만 진화는 없다 〔주제1〕

진화를 소진화와 대진화로 나누든 그렇지 않든 진화론의 핵심적인 내용은 '돌연변이'와 '자연선택'에 의해 진화가 된다는 것입니다. 돌연변이에 의해 유전자가 변해서 생명체들이 다양해지고(진화되고), 다양해진 생명체들 중에 자연선택 되는 것은 살아남고 그렇지 않은 것은 멸망했다고 주장합니다. 돌연변이나 자연선택은 실제로 일어나는 현상입니다. 자연선택이라는 표현 자체가 진화론적인 표현이기 때문에 자연선택이 실제로 있다는 뜻은 아니고 자연선택이라고 주장하는 현상인 '환경에 따른 개체

│ 그림 6-1 돌연변이 닭(날개기형, 깃털 없음)

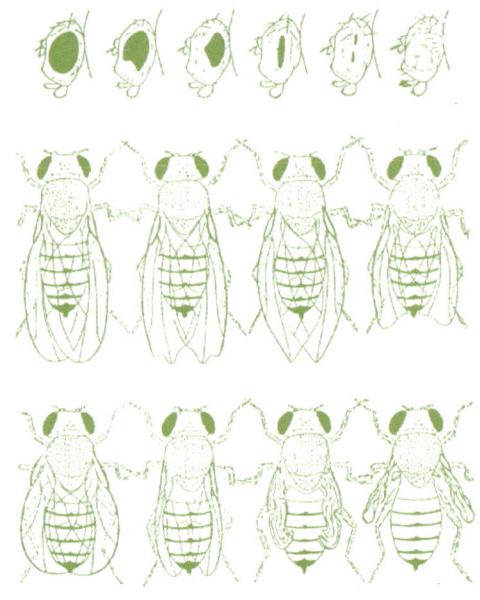
▎그림 6-2 돌연변이 된 초파리

수의 변동'이 있다는 것입니다.

돌연변이도 실제로 일어나는 현상입니다. 돌연변이에 의해 생명체의 어떤 기능이 없어지거나 변화하기도 합니다(그림 6-1, 2). 그러나 돌연변이에 의해 새로운 정보가 만들어지지는 않습니다. 돌연변이에 의해 유전 정보가 다양해지지 않으며, 새로운 생명체가 나타날 수도 없습니다. 예를 들어, 초파리에 대한 돌연변이 실험이 수없이 많은 실험실에서 오랫동안 진행되고 있지만 초파리가 다른 종류의 파리로 변화된 적은 단 한 번도 없습니다. 기형 초파리들이 탄생하였을 뿐입니다. 또한 진화론이 주장하는 돌연변이와 자연선택 과정을 유전자에 적용하여 연구하더라도 유전 정보의 돌연변이는 생명체의 유전 정보를 발전시키는 것이 아니라 무질서도가 증가될 뿐이라는 것이 이미 밝혀졌습니다 (Genetic Entropy and the Mystery of the Genome by Dr. John C Sanford, Elim Publishing, 2005). 다시 말해 돌연변이와 자연선택은 있지만 진화는 없습니다.

1. 유전자의 돌연변이는 컴퓨터 프로그램의 오류 발생과 유사합니다. 컴퓨터 프로그램에 오류가 무작위적으로 일어나면 더 좋은 프로그램이 생길 수 있을까요?

영국에서 오염으로 환경이 변화됨에 따라 검은 나방과 흰 나방의 개체수가 달라진 것이 관찰 된 적이 있습니다. 환경오염이 심할 때는 나무 색깔이 검은 색을 띠었기 때문에 검은 나방은 잘 보이지 않고 흰 나방이 눈에 잘 띄어 새들에게 더 많이 잡혀 먹혔습니다. 그 결과 흰 나방의 숫자가 감소하고, 검은 나방의 숫자가 증가하였습니다. 환경오염이 개선되자 반대의 상황이 되었습니다. 눈에 잘 띄게 된 검은 나방의 숫자가 줄어들고 흰 나방의 숫자는 증가하였습니다. 환경의 변화가 나방의 숫자에 영향을 미친 것입니다. 이런 현상을 진화론자들은 '자연선택'의 증거라고 합니다. 자연선택이 진화의 증거가 될

▎그림 6-3 환경오염 전후의 나무 색의 변화와 나무에 붙어있는 흰 나방과 검은 나방

06 ● 진화의 거짓 증거들

수 있을까요? 진화와 전혀 상관없습니다. 단지 개체수의 변화일 뿐입니다. 환경의 변화는 개체수의 변화에 영향을 줄 뿐입니다. 불리한 환경이라고 해서 멸종되지도 않고, 유리한 환경이라고 해서 새로운 생명체로 변화(진화)되지도 않습니다. 진화 자체가 일어날 수 없는데 환경이 유리해졌다고 어떻게 진화가 일어나겠습니까?

진화론자들이 흔히 돌연변이와 자연선택의 예로 드는 것이 핀치새의 부리 두께의 변화, 박테리아에게 항생제 내성이 생기는 것, 말라리아와 겸상적혈구 환자에 대한 것 등입니다. 핀치새의 부리 두께의 변화, 박테리아에게 항생제 내성이 생기는 것 등은 일시적인 현상입니다. 환경이 변화되면 다시 처음 상태로 돌아갑니다. 환경의 변화에 따라 생명체가 적응하는 것은 환경의 변화에 생명체가 반응할 수 있는 능력이 처음부터 있었기 때문입니다. 즉, 창조 질서에 속해 있는 것입니다. 근본적으로 환경의 변화와 연관되는 생명체의 변화는 진화와는 상관없는 현상입니다.

항생제에 내성이 있는 박테리아는 사람들에게는 위협적이지만 항생제에 내성이 없는 박테리아와 함께 있을 때는 항생제 내성이 없는 박테리아가 훨씬 잘 번식합니다. 환경에 의한 생명체의 변화는 일시적일 뿐 아니라 정상적이지도 않은 것입니다. 또다른 예로 드는 말라리아와 겸상적혈구의 관계를 볼 때, 이것 역시 환경의 변화에 따라 흰 나방과 검은 나방의 개체수가 변화하는 것과 유사한 현상일 뿐입니다. 즉, 질병이 생겼는데 그 질병이 말라리아에는 걸리지 않는 유리한 점이 있다는 것뿐입니다. 겸상적혈구란 적혈구가 정상이 아니고 낫처럼 생긴 기형 적혈구를 말합니다. 이런 적혈구를 가진 사람들은 빈혈에 시달리게 되고 몸의 여러 장기가 손상되게 됩니다. 겸상적혈구질환은 유전병입니다. 그런데 이런 사람들은 말라리아에 잘 걸리지 않습니다. 왜냐하면 말라리아 원충이 살아야 하는 적혈구의 중심 부위가 겸상적혈구에는 없기 때문입니다. 이런 현상을 가지고 진화론자들은 말라리아가 많은 환경에서 진화된 것이라고 주장합니다. 그러나 겸상적혈구 환자가 정상인에서 진화된 것도 아니고, 말라리아가 많다고 정상인들이 퇴화되거나 멸종되는 것도 아닙니다.

3단계 진화론의 허구 〔주제2〕

소진화는 다양성에 대한 잘못된 해석일 뿐이지만 보다 문제가 심각한 것은 증거도 없는 대진화가 일어났다고 주장하는 것입니다. 대진화는 3가지 단계로 나누어집니다. 첫 번째는 무기물이 유기물로 합성되는 화학진화이고, 두 번째는 유기물들이 저절로 생명체가 되는 단계이며, 세 번째는 단순한 생명체가 복잡하고 발달된 생명체로 진화되는 것입니다. 대진화의 이 세 가지 단계는 모두 과학적 증거가 없음에도 불구하고, 교과서에는 진화가 과학적 증거를 가지고 있는 것처럼 주장합니다.

대진화의 첫 번째 단계는 무기물에서 유기물이 합성되었다는 주장입니다. 이 주장은 구 소련의 생화학자 오파린이 1936년 『생명의 기원』이라는 책에서 발표하였습니다. '오파린의 가설'에 의하면 긴 세월에 걸쳐서 무기물로부터 유기물로 변화(화학진화)가 일어났고, 이 유기물이 최초의 생물(원시생물)을 형성하였다고 주장하였습니다. 무기물이 서로 반응하여 아미노산을 비롯한 여러 가지 간단한 유기물이 되고, 이것이 비에 용해되어 바다로 들어가 서로 반응하여 반 액상의 코아세르베이트(coacervate)라는 작은 알맹이 형태가 되었다고 가정하였습니다. 이 코아세르베이트가 성장하여 원시생물로 발전하였다고 가정하는 것입니다. 이 오파린의 가설을 실험으로 옮긴 것이 '밀러의 실험'입니다. 그러나 밀러의 실험은 무기물에서 유기물이 저절로 될 수 없음을 보여 주었을 뿐입니다(주제 3 참고). 밀러의 실험이나 아래 폭스의 실험 모두 진화론이 맞다는 것을 전제하고 실험을 한 것일 뿐 진화를 증명한 것이 아닙니다.

공교육 교과서에 나오는 폭스의 실험

폭스는 원시 상태의 지구 위에서 가장 얻기 쉬운 에너지원은 화산이 폭발할 때의 용암에서 나오는 열이라고 생각하고, 여러 단백질을 혼합하여 150-180℃에서 4-6시간 동안 가열하여 단백질 같은 고분자(프로티노이드)를 만들었습니다. 그 생성물을 온수에 녹였다가 용액을 냉각시키면 2마이크론 정도의 작은 입자가 만들어지는데 이를 마이크로스피어(microsphere)라고 하였습니다. 이런 실험은 이미 존재하는 단백질로 실험한 것이고, 밀러의 실험과 마찬가지로 실험실에서는 가능하지만 저절로 일어날 가능성은 확률적으로 없습니다.

진화의 첫 번째 단계는 열역학 제2법칙에 어긋납니다. 자연 상태에서 관찰할 수 있는 현상은 무기물이 저절로 뭉쳐서 유기물이 되는 것이 아니라 유기물이 분해되어 무기물로 되는 일입니다. 모든 물질 세계는 열역학 제2법칙에 의해 무질서도가 증가하도록 되어 있습니다. 특별한 실험장치 등을 통해 에너지를 공급하고 질서도를 부여하는 상황을 만들지 않은 한 무기물이 유기물로 저절로 될 수 있는 확률은 '0'(zero)에 가깝습니다.

대진화의 두 번째 단계는 더욱 황당합니다. 유기물이 있는데 오랜 시간이 지나니까 저절로 생명체가 출현했다는 주장입니다. 학생들 교과서에는 그렇게 되었다는 말만 있고 어떻게 해서 그렇게 되었는지에 대한 설명이 전혀 없습니다. 그러나 생명체보다 훨씬 단순한 단백질만 가지고 생각해 봐도 이런 일이 있을 수 없다는 것을 금방 알 수 있습니다. 생명체 내에는 많은 단백질이 있는데, 이 단백질들은 아미노산으로 구성됩니다. 그런데 아미노산이 아무리 많아도 생명 현상에 필요한 단백질 중 하나가 저절로 만들어질 가능성은 확률적으로 전혀 없습니다. 단백질 하나도 저절로 만들어질 수 없는데, 생명 현상이 나타나기 위한 엄청나게 복잡하고 정교한 시스템들이 어떻게 만들어질 수 있으며, 또한 이런 것들은 처음부터 함께 존재해야 하는데 모든 것이 한꺼번에 저절로 생겼다는 것을 믿는 것이야 말로 대단한 믿음입니다. 가장 간단한 세포에 필요한 단백질과 DNA만 있어도 생명체로서 기능한다는 단순한 가정을 하더라도 확률적으로 그런 세포가 우연히 생길 가능성은 없습니다(그림 6-4).

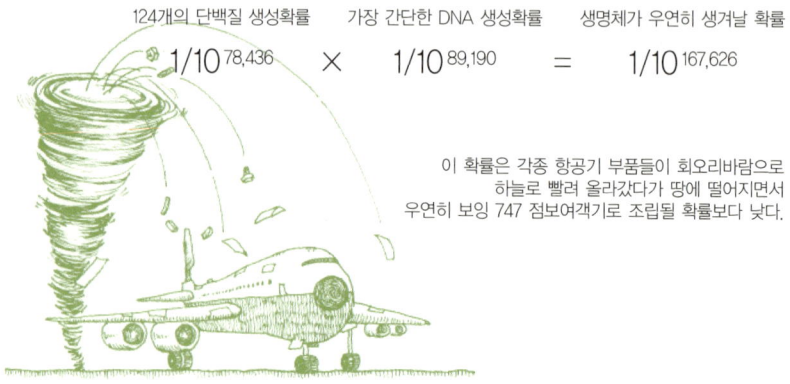

▎그림 6-4 가장 간단한 세포가 우연히 만들어질 확률

　그러나 진화론자들은 이런 확률 계산이 의미가 없다고 주장합니다. 왜냐하면 '확률과 상관없이 진화는 일어났다'는 것입니다. 과학적인 논리로 진화가 일어났다는 것을 주장하지 못하고, 진화가 일어났다는 것을 진리라고 전제하고 있습니다. 그리고 관찰되는 현상을 무조건 진화론적으로 해석하고 있는 것입니다.

　대진화의 세 번째 단계는 단세포 생명체로부터 진화되어 바다에서 생명체가 생기고, 척추가 있는 물고기가 생기고, 육지로 올라가면서 양서류로 진화되고, 다음에 파충류, 조류, 포유류가 되었다는 것입니다. 포유류 중에서도 하등 동물이 진화되어 인간까지 되었다는 주장입니다. 생명체의 유전 정보가 변화되어 이런 일이 생길 가능성은 전혀 없습니다. 물론 이렇게 되었다는 어떠한 증거도 없습니다. 다윈을 비롯하여 진화론자들은 이런 진화의 증거가 화석에 풍성하게 나올 것으로 기대했지

▎그림 6-5 대진화의 세 번째 단계

만, 진화의 단계를 보여 주는 어떤 증거도 나타난 적이 없습니다.

특히 고래는 진화의 세 번째 단계 주장을 더 어렵게 하는 동물입니다. 왜냐하면 포유류인데 바다에 살고 있기 때문입니다. 엄청난 진화의 기간을 거쳐서 바다의 물고기가 포유류까지 진화되었는데 다시 바다 속에 살고 있는 것을 설명해야 하기 때문입니다. 그래서 진화론자들은 고래를 '역진화' 된 것이라고 주장합니다. 육지에 살고 있는 거대한 포유류가 어떤 이유로 해서 바닷가로 가게 되었고, 육지와 바다를 왕래하다 물 속에서 살기로 결심(?)하고 물 속으로 들어가 물고기처럼 진화되었다는 것입니다. 종류대로 창조된 생명체들이 이런 변화가 있을 수 없다는 것은 너무나 분명하지만 진화론자들은 나름대로의 화석을 늘어놓고 진화의 순서라고 주장합니다. 재미있는 현상은 고래가 비교적 윗부분인

▌그림 6-6 포유류가 고래로 진화되었다?

지층에서 발견된다는 것입니다. 그래서 진화론자들은 자신들이 주장하는 진화의 순서대로 고래가 늦게 출현한 것이라고 주장하지만 이것은 지층과 화석에 대한 근본적인 개념이 잘못되어 나온 것입니다. 격변적 상황에서 고래와 같은 거대 동물이 비교적 윗부분의 지층에 나오는 것은 충분히 이해할 수 있습니다. 고래 화석은 격변적인 상황에서 여러 동식물들의 화석과 함께 발견될 뿐 진화의 순서를 전혀 보여 주지 않고 있습니다.

주제3 교과서의 거짓 진화론 증거들

진화론자들은 공교육의 교과서에 밀러의 실험, 시조새 화석, 헤켈의 배아 그림, 상동기관, 말의 진화 등을 진화론의 증거들이라고 수록하고, 가설이 아닌 진리처럼 가르치고 있습니다. 그러나 그 증거들은 조작되었거나 사실을 왜곡한 것입니다. 그리고 인위적인 실험의 결과를 진화론의 증거라고 주장하고 있는 것입니다.

1. 밀러의 실험

밀러의 실험은 진화론의 첫 번째 단계인 무기물에서 유기물로 합성되는 것을 증명한 실험으로 교과서에 소개되어 있습니다. 밀러의 실험이라는 것은 메탄, 암모니아, 수소 등의 무기물을 넣고 전기에너지를 가했더니 냉각 장치를 거쳐서 나온 물질에 아미노산, 즉 유기물이 생긴 것입니다. 이 실험에서 밀러는 어떤 무기물을 넣어야 아미노산이 생기는지를 실험을 통해 확립하여 무기물의 조성분을 미리 결정하였습니다. 우연히 결정된 것이 아닙니다.

무기물 조성에서 중요한 것은 산소가 없어야 한다는 점입니다. 산소가 있으면 합성이 일어나지 않기 때문에 산소를 제거하였습니다. 그러나 이 지구 암석 어디에나 산화의 흔적이 있습니다. 산소가 없었다는 가정은 진화론적 가정일 뿐입니다.

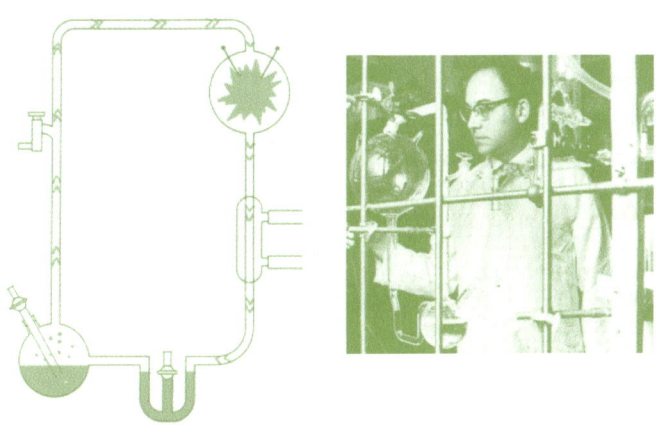

┃ 그림 6-7 밀러의 실험장치와 밀러

또한 전기방전 장치(에너지), 냉각 장치 등 전체 실험 장치를 인간의 지혜로 설계하였습니다. 이 실험은 반복해서 실험해도 동일한 결과를 얻을 수 있는 과학적인 실험 장치입니다. 그러나 밀러의 실험 장치와 같은 실험 방법은 진화론이 주장하는 원시 지구에서의 상황과는 거리가 멉니다.

진화론자들이 주장하는 원시 지구의 대기 조성과도 다르며, 막대한 에너지가 소모되는 전기방전 장치나 냉각 장치가 원시 지구에 있을 가능성은 없습니다. 진화론자들이 주장하는 원시 대기 조성으로 실험을 하면 아미노산은 거의 생기지 않습니다. 또한 밀러의 실험을 통해서는 L형과 D형, 두 가지 형태의 아미노산이 만들어지지만, 생체 내에는 오직 L형 아미노산만 존재합니다. D형 아미노산은 도리어 생명체에 해롭습니다. 생명체에 아미노산 L형만 있다는 것은 무작위적인 무기물의 결합으로 아미노산이 생긴 것이 아니라는 것을 보여 주는 것입니다.

2. 밀러의 실험은 무기물에서 유기물로 합성되기 위해서는 인간의 지혜, 에너지, 실험 장치가 필요함을 보여 줍니다. 이 실험을 진화론과 창조론에 굳이 연관시켜 해석한다면 어느 이론을 지지하는 것으로 생각할 수 있나요?

2. 시조새 화석

대진화의 세 번째 단계가 거짓이므로 시조새 화석이 진화의 증거가 된다는 것은 당연히 성립될 수가 없습니다. 진화론자들은 화석을 통해 진화의 증거를 찾고자 하였으나 도리어 화석은 진화를 부정하고 있습니다. 진화론을 믿는 과학자들은 왜 화석에 진화의 흔적이 없는지에 대하여 고민하고 있음에도 정작 학생들 교과서에는 버젓이 화석이 진화의 증거이며, 대표적으로 시조새 화석이 그 증거라고 거짓말을 하고 있습니다.

시조새는 파충류의 특성인 날개에 발톱을 갖고 있고, 부리에 치아 형태가 있기 때문에 파충류에서 조류로 진화되는 중간 단계의 특징을 나타내는 진화의 증거라고 합니다. 그러나 시조새가 가진 파충류의 특성이라는 것은 단지 시조새가 독특한 새라는 것을 보여 줄 뿐입니다. 날개의 발톱은 호애친이나 타조에도 있으며, 부리에 치아 형태를 가진 다른 새들도 존재합니다. 무엇보다도 시조새는 완벽한 새의 날개를 갖고 있는 완전한 새이며, 이미 시조새가 발견된 지층보다 더 오래된 지층에서 새가 발견됨으로써 시조새가 새의 조상이라는 주장은 더 이상 할 수

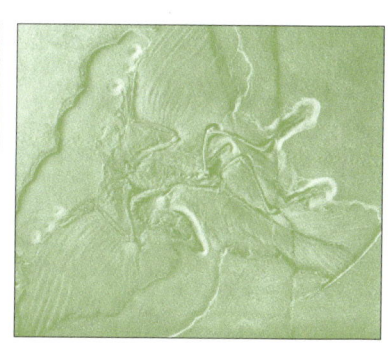

▎그림 6-8 시조새의 화석(우)과 재현도(좌)

▎그림 6-9 살아서 잡힌 실러칸스

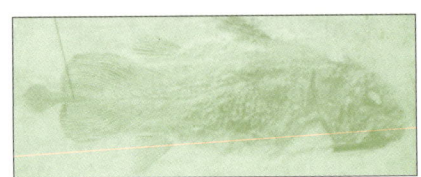
▎그림 6-10. 실러칸스 화석

없게 되었습니다(Science, 1978).

화석에는 두 가지 종류가 있습니다. 첫째는 공룡과 같이 지금은 존재하지 않는 것(멸종 화석), 둘째는 지금도 살아 있는 것과 똑같은 화석입니다. 이 두 종류의 화석 모두 격변적 상황으로 화석이 형성되었음을 잘 보여 줍니다. 진화론자들은 화석과 동일한 살아 있는 생명체들을 살아 있는 화석이라고 부릅니다. 살아 있는 화석으로 유명한 것은 물고기에서 양서류로 진화되는 것으로 주장되었던 실러칸스입니다. 실러칸스는 양서류로 진화되는 중간 단계로 지느러미를 사용하여 기어다녔다고 주장했었지만 살아 있는 실러칸스는 물 속을 헤엄쳐 다니는 확실한 물고기임이 밝혀졌습니다.

이런 살아 있는 화석은 진화론자들이 주장하는 그 오랜 시간 동안 생명체들이 전혀 변화되지 않고 동일한 모습을 유지하고 있음을 보여 주고 있기 때문에 진화가 일어나지 않았다는 것을 잘 보여 주고 있습니다. 진화론자들은 일부 생명체만 예외적으로 진화되지 않았거나 아직 진화할 시간이 부족하다고 주장하기도 합니다. 그러나 지금 살아 있는 거의 모든 생명체가 살아 있는 화석이 될 수 있습니다. 왜냐하면 거의 모든 생명체의 화석이 진화되지 않고 같은 모습으로 발견되기 때문입니다. 당연히 어떻게 진화가 일어났다고 주장할 수 있을지 의문이 들 수밖에 없습니다. 화석은 진화론자들에게 매우 어려운 문제를 던져 주고 있습니다. 첫째는 중간 단계의 화석이 전혀 없기 때문에 진화의 증거로 제시할 것이 없으며, 둘째로 살아 있는 화석을 통해 진화되지 않았다는 것을 확실하게 보여 주고 있으며, 셋째로 공룡과 같은 멸종한 화석을 포함한 화석들과 지층을 통해 노아 시대의 대홍수와 같은 대격변이 이 지구상에 있었다는 것을 증거하고 있기 때문입니다.

화석에 진화의 증거가 없기 때문에 진화론자들은 새로운 이론을 세웠습니다. 즉, 공룡이 알을 낳았는데, 알 속에서 새가 나왔다는 '괴물이론'과 진화가 누적되다가 갑작스럽게 진화가 일어나서 화석에 진화의 흔적이 생기지 않았다는 '단속평형이론'입니다. 단속평형이론은 결국 세련된 형태의 괴물이론입니다. 이 이론들은 결국 진화는 일어났는데 왜 화석으로는 진화의 흔적이 남지 않았는지를 설명하려고 하는 것입니다. 진화론자들은 화석에 진화의 증거가 없으면 진화이론이 틀린 것이라고 생각하기보다 진화는 틀림없이 일어났을 텐데 증거가 없는 이유가 무엇일까에 대하여 고민하는 것입니다.

중간 화석의 증거 화석에 진화의 증거가 있다는 주장을 종종 접하기도 합니다. 예를 들어 고래의 조상 화석을 발견하였다든가 사람의 조상 화석을 발견하였든가 심지어는 중간 단계의 화석을 발견하였다고 주장하는 경우도 있습니다. 이런 주장은 모두 진화론이 사실임을 전제하고 화석을 해석하는 것에 불과하며 실제로 중간 단계나 조상이라고 주장할 수 있는 화석은 존재하지 않습니다. 화석이 진화의 증거라고 주장하는 진화론자들에게 가장 심각한 고민은 어떻게 DNA 정보가 저절로 변화되어 새로운 정보를 갖게 되고, 그에 따른 형태의 변화가 중간에 죽거나 기형이 되지 않고 가능할 수 있는지 설명할 수 없다는 점입니다. 만약 진화가 사실이라면 중간 단계의 생명체들이 발견되어야 하는데 그런 것은 발견된 적이 없으며, 지금도 새로운 종류의 생명체가 계속 출현해야 할 것입니다.

3. 헤켈의 배아 그림

공교육 교과서에 실린 헤켈의 배아 그림은 유력한 진화의 증거로 제시됩니다. 사람, 물고기, 토끼 등의 배아들의 모습이 모두 유사한 것은 개체가 발생되는 과정에서 진화의 과정을 반복해서 보여 주는 것

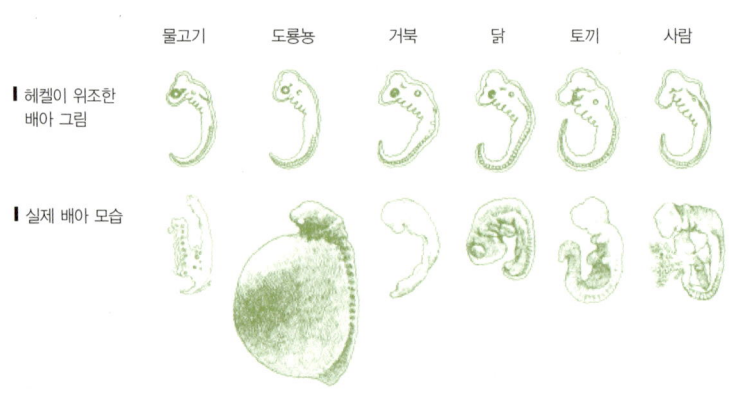

▎그림 6-11 헤켈의 배아 발생도와 실제 배아 모습

이라고 주장하였습니다. 그러나 1997년 9월 5일자 Science지에는 헤켈의 배아 발생도가 조작되었다는 것을 폭로하는 논문이 발표되었습니다. 헤켈은 실제 배아 모습과는 전혀 다르게 배아의 초기 모습이 모두 비슷한 것처럼 조작하였습니다. 헤켈은 독일의 학자로 진화론을 신봉하는 사람이었고, 진화론을 퍼뜨리기 위해 이런 조작도 서슴지 않은 것입니다. 더 큰 문제는 이런 조작이 드러나고 10년이 지났어도 변함없이 교과서에는 헤켈의 조작된 배아 발생도를 그대로 진화의 증거로 사용하고 있다는 것입니다.

4. 상동기관

진화론자들은 사람의 팔 구조와 동물들의 앞다리 구조, 새의 날개 구조 등이 서로 비슷한 것(상동기관)은 진화되었기 때문이라고 주장합니다. 그러나 이것은 지나친 해석에 불과합니다. 서로 비슷한 이유는 설계자가 같은 분이기 때문이라고 주장할 수 있습니다. 진화의 증거라는 것은 진화가 일어났다는 것을 전제하고 해석하는 것뿐입니다.

5. 말의 진화

또한 교과서에는 말이 에오히푸스에서 오토히푸스, 플리오히푸스 그리고 오늘날의 말인 에쿠우스로 진화되면서 말의 크기가 과거로부터 지금까지 차츰 커졌고, 발가락도 잘 달리기 위해 진화되면서 오늘날의 말밥굽 형태가 되었다고 주장합니다. 그러나 말의 크기 변화가 진화의 증거라면 키가 50cm밖에 안 되는 팔라벨라는 어떻게 설명할 수

▎그림 6-12 교과서에 나온 말의 진화도

▎그림 6-13 작은 키의 말 팔라벨라

있을까요? 진화론의 이런 주장이 과학적으로도 성립할 수 없다는 것은 화석의 증거에서 명백하게 나타납니다. 에오히푸스가 있는 지층에서 오늘날의 말인 에쿠우스가 이미 발견이 되었고, 화석도 진화론자들이 주장하는 순서로 있지도 않았습니다. 에오히푸스는 현존하는 아프리카 산 바위너구리와 거의 같은 동물일 뿐입니다. 말의 진화처럼 진화가 일어났다면 모든 동물들이 더 크고, 더 빨리 달릴 수 있도록 진화되었어야 할 것입니다.

주제 4 진화론의 정체와 우리의 사명

사단은 사람들을 미혹하여 거짓된 진화론이 이 세상에서 유일한 과학적 사실로 교육되도록 노력하고 있습니다. 그리스도인에게는 예수님과 함께 이런 거짓을 바로 잡을 책임이 있는 것입니다. 가장 중요한 것은 진화론자들을 변화시켜 하나님을 믿게 하는 것입니다. 그들도 구원받아야 하고, 교육과 과학도 변화시켜야 합니다.

3. 진화론의 증거들이 모두 잘못 해석됐거나 조작되었음이 밝혀졌음에도 불구하고 공교육 교과서에 변함없이 실려 있는 이유가 무엇일까요?

사람들이 과학적 증거가 전혀 없는 진화론을 유일한 과학적 사실로 믿는 이유는 1859년 다윈의 『종의 기원』이 발표된 이후 기원에 관한 유일한 과학적인 진리처럼 교육되어 왔기 때문입니다. 진화론은 생물학뿐 아니라 모든 학문 분야 즉, 역사, 철학, 우주과학, 지구과학 등 시작에 대하여 언급이 필요한 모든 학문 분야에서 주된 이론으로 자리잡게 되었습니다. 따라서 교육을 통해 진화론을 가르치고, 진화론으로 교육받은 사람들로 구성된 사회에서 진화론은 이미 증명된 이론으로 알려져 있습니다. 그러나 진화론이 과학적 증거가 없으며, 비판 자체가 허용되지 않는다는 것을 사람들은 모르고 있습니다. 진화론이 증거가 없다는 것을 아는 과학자들도 기원에 관련된 다른 대안이 없기 때문에 진화론을 고수합니다. 창조론은 하나님의 존재를 인정해야 하기 때문에 과학이 아니며, 받아들일 수 없다고 생각합니다. 만약 창조론과 진화론을 대체할 다른 적절한 이론이 있었다면 진화론은 벌써 없어졌을 것입니다. 진화론이 없어지지 않는 주된 이유는 바로 하나님을 믿을 수 없는 사람들의 강퍅한 마음 때문입니다.

4. 성경은 진화론과 같은 이론에 대하여 어떻게 하라고 말씀합니까?(골 2:8)

5. 성경은 과학적 이론이나 지식에 대하여 무엇이라고 말합니까?(골 3:10, 잠 1:7)

거짓된 이론의 배후에는 항상 거짓의 아비인 사단 마귀가 있습니다(요 8:44). 사단은 사람들을 미혹하여 진화론을 이 세상에서 유일한 과학적 사실로 가르치려고 노력하고 있습니다. 그런 의미에서 진화론자들은 진정 복음이 필요한 하나님의 잃어버린 양들인 것입니다. 진화론자들을 하나님의 사람들로 변화시키는 것이 진화론을 무너뜨릴 수 있는 길입니다.

6. 예수님이 나타나신 목적은 무엇입니까?(요일 3:8)

　예수님은 마귀에 속한 사람들을 멸하시기 위해 오신 것이 아니라 도리어 마귀의 일을 멸하시기 위해 오신 것입니다. 따라서 그리스도인은 예수님과 함께 이런 거짓을 바로 잡을 책임이 있는 것입니다. 더 나아가 진화론에 의해 왜곡되어 있고, 하나님을 대적하는 도구로 쓰임 받고 있는 과학을 하나님의 통치로 회복시켜야 하는 것도 그리스도인들의 책임인 것입니다.

6과 | "진화의 거짓 증거들"을 마치며

하나님께서는 이 세상의 생명체들을 아름답고 다양하게 창조하셨습니다. 진화론자들은 하나님이 창조하신 다양성을 진화(소진화)를 통해 된 것이라고 주장합니다. 명백한 다양성의 증거가 바로 진화의 증거이고 그렇기 때문에 대진화도 가능하다고 주장합니다. 그러나 다양성을 진화로 보는 것은 잘못된 해석이며, 대진화의 증거는 전혀 없습니다. 교과서에 진화의 증거로 가르쳐지고 있는 것들은 잘못된 해석(밀러의 실험, 상동기관), 화석에 대한 거짓(시조새 화석, 말 화석) 및 조작된 증거(헤켈의 배아 그림)일 뿐입니다.

진화론이 과학적 증거가 없음에도 불구하고 교과서에서 사라지지 않는 것은 진화론을 전제로 한 거대한 과학의 패러다임이 바뀌지 않기 때문입니다. 과학의 역사를 통해 볼 때 패러다임이 바뀌기 위해서는 수많은 증거들을 잘 설명할 수 있는 새로운 패러다임이 등장해야 합니다. 진화론 패러다임을 하나님의 창조를 전제로 한 새로운 패러다임으로 바꾸는 것은 현재의 세계관을 바꾸는 불가능한 일처럼 보이지만 하나님의 과학자들, 창조과학 사역자들, 그리고 함께 기도하는 그리스도인들을 통해 하나님께서 이루실 것입니다.

과학이 성경으로 열린다

07 대홍수의 증거

옷으로 덮음 같이 주께서 땅을 깊은 바다로 덮으시매 물이 산들 위로 솟아올랐으나 주께서 꾸짖으시니 물은 도망하며 주의 우렛소리로 말미암아 빨리 가며 주께서 그들을 위하여 정하여 주신 곳으로 흘러갔고 산은 오르고 골짜기는 내려갔나이다 (시 104:6-8)

성경에 나타난 대홍수의 증거   주제1

성경은 창조 이후 인류의 역사를 보여 주는 거의 유일한 기록입니다. 과거를 보여 주는 또다른 중요한 것으로는 지층과 화석이 있습니다. 성경은 과거 대홍수의 심판이 있었다는 것을 기록하고 있는데, 지층과 화석 역시 상상할 수 없는 대격변에 의해 형성된 것이라는 것을 과학적 증거로 보여 주고 있습니다. 성경과 과학적 증거들은 대홍수의 격변을 함께 증거하고 있습니다. 그러나 진화론자들은 지층과 화석이 과거에 진화가 일어난 것을 보여 준다고 주장합니다. 진화론에 갇혀있는 과학계에서는 눈앞에 보이는 분명한 증거를 받아들이지 못하고 있는 것입니다.
도리어 성경에 기록된 사건들을 신화 취급하면서 하나님의 말씀을 무시하고 있습니다. 사람들이 성경을 무시하고 하나님을 거부한다고 해서 과거의 역사가 바뀌지 않습니다. 과거를 알면 현재가 해석되고 미래를 알게 됩니다. 과거 하나님께서 이 땅에 행하셨던 전 지구적인 대홍수의 심판을 알면 미래에 일어날 최후의 불의 심판에 대해서도 분명한 인식을 갖게 됩니다. 과거를 알고, 미래를 알 때 현재의 삶 속에서 복음을 전하는 것이 얼마나 중요한지 분명해집니다.

1. 성경에 하나님께 순종하지 못하는 경건치 못한 사람들에게 심판의 본으로 보여 주신 사건은 무엇인가요?(벧후 2:5-6)

진화론자들은 성경에 기록된 창조, 타락, 대홍수의 심판, 바벨탑 사건 등을 신화 취급하면서 인류는 진화에 의해 지구 위에 나타나 살게 되었고, 수백만 년의 문화적 진화 기간을 통해 인류 문명이 시작된 것이라고 주장합니다. 창세기 12장에 이집트가 등장하기 때문에 이때부터의 기록은 역사적 의미가 있다고 생각하지만, 이집트 이전의 문명이 기록되어 있는 창세기 11장까지는 역사적 사실로 인정하지 않는 것입니다.

그러나 성경에 기록된 인류 문명은 진화론이 주장하는 것과는 너무나 다릅니다. 진화론자들은 원숭이와 같은 인간이 짐승처럼 살았기 때문에 아버지가 누구인지 알 수 없어서 모계 사회를 구성할 수밖에 없었고, 사회가 정립된 후에야 부계 사회가 되었다고 주장합니다.

인간은 도구를 발견하였기 때문에 문화적으로 진화할 수 있었다고 주장하고, 수렵 생활을 하다 나중에야 농사도 시작되었다고 주장합니다. 그러나 성경은 처음부터 사람은 지혜롭게 창조되었고, 그 지혜로 문명을 건설하였고, 농경문화가 처음부터 시작되었으며, 부계 중심의 사회였음을 기록하고 있습니다.

2. 성경에 나타나는 문명들은 어떤 것이 있나요?(창 3:23, 4:2,17,20-22, 11:4)

많은 사람들이 이집트, 그리스, 로마 등 고대 문명을 보면서 감탄합니다. 지금의 과학 기술로도 재현하기 어려운 놀라운 건축술을 보이고 있습니다. 인류가 갑자기 찬란한 문명을 어떻게 만들 수 있었을까요? 성경에 기록된 것처럼 고대 문명 이전에 발전된 인류 문명이 있었다는 것이 훨씬 타당한 해석입니다. 실제로 4대 문명 이전에 많은 발전된 인류 문명의 자취들이 발견되고 있습니다. 성경은 첫 사람 아담, 그 아들 가인 등이 농사를 지었고, 가인과 그 후손들이 새로운 문명을 건설하는 것을 보여 줍니다. 또한 대홍수 이후에 거대한 성과 대를 쌓을 정도로 발전된 건축술을 가지고 있었음을 보여 줍니다.

3. 노아 시대 대홍수는 어느 정도의 규모였나요? (창 7:19-20)

4. 노아 시대 대홍수 심판이 전 지구적인 대홍수가 아닌 국지적인 홍수로 생각하는 사람들도 있습니다. 성경은 이에 대하여 어떻게 이야기하고 있나요? (창 6:12-13,17, 7:4,21-23, 9:11)

　　　　노아 시대 대홍수는 우리가 상상할 수 없는 엄청난 규모였습니다. 전 지구를 덮었고, 산을 덮고 그 이상 높이로 물이 뒤덮었던 엄청난 대홍수였습니다. 지층과 화석의 증거도 대격변과 대홍수를 보여 주고 있습니다. 북아메리카 전체를 덮을 만한 대규모의 물의 흐름, 바다에 있던 퇴적층이 산으로 만들어질 만큼의 엄청난 규모의 힘이 퇴적층에 가해졌음을 보여 주고 있습니다. 대륙이 이동된 것도 잘 알려진 사실이지만 어떤 힘이 이런 이동을 가능하게 했는지는 대홍수와 연관될 때 가장 잘 설명될 수 있습니다.

5. 엄청난 규모의 전 지구적인 대홍수가 어떻게 가능할 수 있었을까요? 지금도 홍수가 날 수 있지만 산을 덮는 전 지구적인 홍수는 가능하지 않습니다. 그 해답을 성경에서 찾아보세요(창 7:11, 1:6).

하늘의 창들이 열렸다는 것은 비가 쏟아졌다는 것을 의미합니다. 이 비는 하늘의 물층이 파괴되어 비로 내린 것도 있겠고, 큰 깊음의 샘이 터지면서 하늘로 올라간 물들이 다시 비로 내린 것도 있을 것입니다. 성경은 40일 밤낮 비가 내렸다고 기록하고 있습니다(창 7:4,17). 전 지구적 격변의 더욱 중요한 기전은 큰 깊음의 샘이 터진 것이었습니다. 큰 깊음의 샘이 터지면서 강한 힘으로 많은 양의 물이 지하에서 분출되었을 것이며, 이와 함께 엄청난 지각 변동이 일어났습니다. 이 지각 변동은 화산 폭발과 거대한 해일을 일으켰을 것이고, 땅은 비와 물로 완전히 덮였을 것입니다. 대홍수 기간 중에 방주는 유프라테스 강을 따라 하류로 내려가지 않고 거꾸로 북쪽인 아라랏 산으로 올라가 머물렀습니다. 이것은 물의 움직임이 강의 범람보다는 바다 해일의 영향을 더 받았던 것을 보여 줍니다.

현재 지층에서 보이는 엄청난 퇴적암층은 지각 변동에 의해 변형된 모습을 보이고 있습니다. 미국의 그랜드캐년을 창조과학자들은 대홍수의 기념비라고 부릅니다. 왜냐하면 전 지구적인 대홍수 외에는 이런 엄청난 규모의 퇴적암층을 만들 수 없기 때문입니다. 그랜드캐년은 지

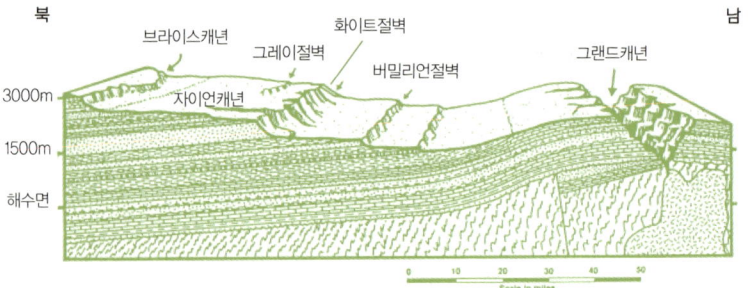
▎그림 7-1. 그랜드캐년이 있는 퇴적암층 단면

구상에서 가장 큰 규모의 퇴적층 중에 하나임에도 불구하고 진화론적인 연대로는 고생대 지층 구조의 일부 밖에 없습니다. 또한 지층과 지층 사이는 세월의 흔적을 찾을 수 없으며, 미국의 4개 주를 덮고 있는 수백 km에 이르는 엄청난 규모입니다. 또한 이 퇴적암층들은 함께 부드럽게 휘어져 있는데, 이것은 이 퇴적암층들이 동시에 형성되었으며, 형성된 시기에 지각 변동이 심했다는 것을 보여 줍니다. 그랜드캐년이 세계적으로 유명한 관광명소이기 때문에 사람들에게 많이 알려져 있는 것일 뿐 이런 대규모 지층 구조는 세계 곳곳에서 발견됩니다.

6. 대홍수와 조산 운동이 함께 기록되어 있는 것을 성경에서 확인해 보세요(시 104:6-8).

대홍수의 격변은 단순히 엄청난 물의 움직임만 있었던 것이 아니라, 산이 올라가고 골짜기가 내려가는 지각 변동이 함께 있었음을 시편 기자가 노래하고 있습니다. 그러나 에베레스트 산맥과 같은 거대하고 높은 산맥들이 바다의 퇴적층이 융기되어 형성된 것이라는 것을 과학자들이 안 것은 오래 되지 않았습니다. 과학자들은 이런 융기가 서서히 오랜 시간에 걸쳐 이뤄진 것이라고 해석합니다. 그러나 퇴적층이 굳기 전에 지각 변동에 의해 이런 거대한 산맥이 생긴 것으로 해석하는 것이 훨씬 과학적입니다.

지층과 화석의 증거 _{주제2}

지층과 화석을 이해하기 위해 우선 진화론자들의 주장을 살펴보겠습니다. 진화론자들은 '현재는 과거의 열쇠'라고 주장합니다. 지금 현재 관찰되는 퇴적 속도를 보면 30cm 쌓이는데 5천 년이 걸리므로 관찰되는 과거의 지층들은 수억 년 동안 쌓인 것이라고 주장합니다. 또한 지층에 있는 화석들이 바로 그 시대에 출현한 생명체들의 흔적이므로 진화의 순서를 알 수 있다고 주장합니다.

그러나 공교육 교과서에 나오는 고생대, 중생대, 신생대 지층 구조를 한꺼번에 보여 주는 곳은 이 지구상에 한 곳도 없습니다. 오직 진화론 이론에 의해 구성되어 교과서에만 존재하는 가상의 지층 구조입니다. 또한 지층 구조에서 진화의 순서를 보여 주는 화석들이 가지런히 존재

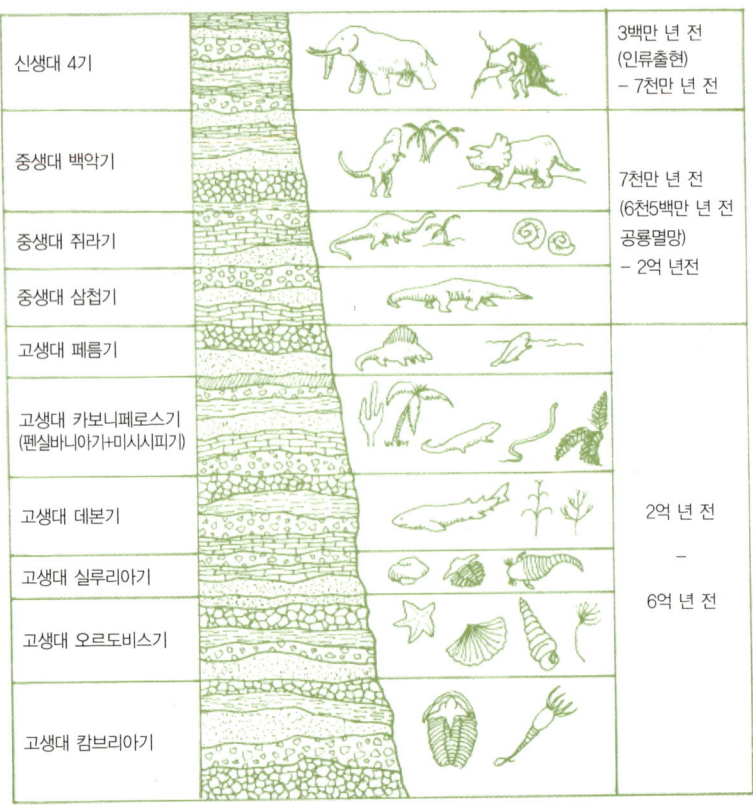

▎그림 7-2 진화론이 주장하는 지질주상도

하지도 않습니다. 각 지층 구조마다 여러 종류의 생명체 화석들이 섞여 있습니다. 조개 화석은 맨 아래 지층부터 맨 위 지층까지 가장 많이 존재합니다.

1. 진화의 순서와 상관없는 지층 구조

지층 구조는 물의 움직임으로 쉽게 만들어집니다. 물통에 흙과 물을 함께 넣고 흔들기만 해도 지층 구조가 만들어집니다. 현재 관찰되고 있는 지층 구조들은 지층과 지층 사이에 생물의 활동이나 비, 바람 등에 의해 손상된 흔적 등 세월의 어떠한 흔적도 나타나 있지 않습니다.

또한 그랜드캐년은 고생대 지층 중 오르도비스기와 실루리아기는 없고, 캄브리아기, 데본기, 미시시피기, 펜실바니아기, 페름기 등 5개 지층만 존재합니다.

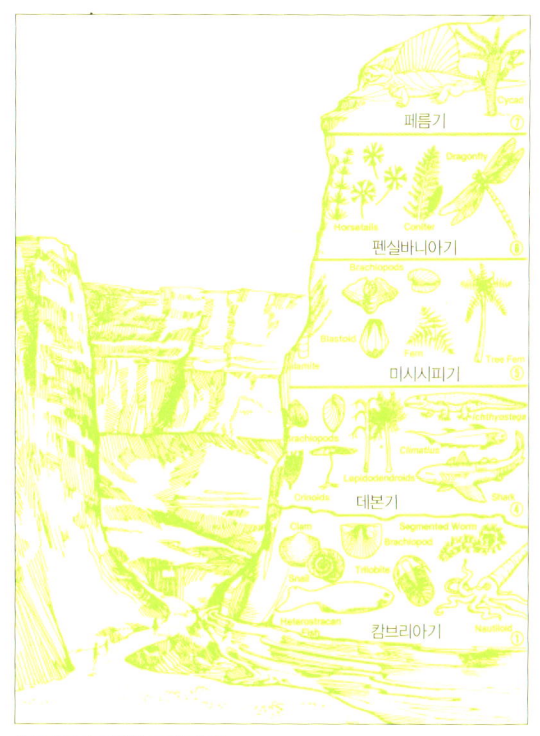

▎그림 7-3 고생대 그랜드캐년

또한 어떤 지역은 미시시피기의 붉은 색 석회암층(3억4천5백만 년)과 캄브리아기 힌색 무아브 석회암층(5억 년)이 교대로 반복되어 나타납니다. 즉, 캄브리아기 위에 미시시피기가 있고, 그 위에 다시 캄브리아기와 미시시피기가 있고, 또다시 그 위에 캄브리아기와 미시시피기가 있습니다. 대홍수의 격변적인 상황이 아니라면 미시시피기와 캄브리아기가 반복적으로 형성되는 것을 설명할 수 없습니다.

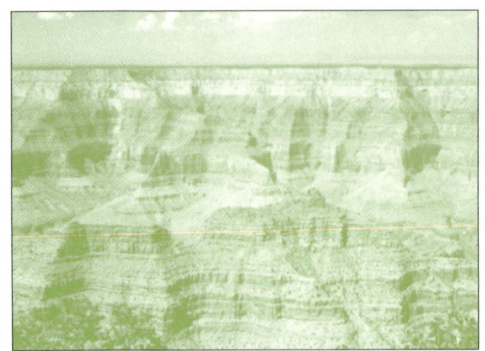
▎그림 7-4 세월의 흔적이 보이지 않는 지층 구조

▎그림 7-5 캄브리아기와 미시시피기의 석회암층 반복이 나타난 지층 구조

    진화론자들은 공룡이 중생대 삼첩기(약 2억 년 전)에 등장해서 쥐라기, 백악기에 번성하다 백악기 말(약 7천만 년 전)에 멸망하였다고 주장합니다. 그러나 진화론자들이 1억8천9백만 년 전이라고 추정하는 쥐라기 시대 나무 화석을 방사성탄소측정방법(^{14}C)으로 측정한 결과 2만 4천 년 밖에 되지 않았다는 놀라운 결과가 발표되었습니다(2005 RATE 프로젝트*). 쥐라기 시대 나무 화석뿐 아니라 석탄, 다이아몬드 등 수억 년 전에 형성된 것이라고 믿고 있었던 것들이 모두 수만 년 밖에 되지 않았음이 방사성동위원소 측정법으로 밝혀졌습니다.
    ^{14}C에 의한 방사성동위원소 측정방법에 의해 완벽한 연대를 측정할 수 있는 것은 아니지만 분명한 것은 지층이 형성된 시기가 결코 오래 되지 않았다는 것을 확실히 보여 준다는 것입니다. 또한 진화론적으로는 사람과 공룡이 함께 있을 수 없지만 사람과 공룡 발자국이

---

* RATE(Radioisotopes & the Age of The Earth), 미국 창조과학 3개 단체(ICR, AiG, CRC) 주도로 1997년부터 8년간 수행한 연구 프로젝트

▌그림 7-6 헬렌산 화산폭발 후 형성된 지층 구조들
(하단은 1980. 5. 18. 오후에, 중간은 6. 12. 하루에 7.6m로 쌓인 화산쇄설성 퇴적물, 상층은 1982. 3. 19. 쌓인 이류퇴적물임)

▌그림 7-7 다지층 나무 화석들

함께 있는 화석들이 많이 발견되고 있습니다(creation.or.kr 사람이 공룡과 함께 살았던 증거 참조). 또한 수천만 년 전에 멸망했다는 공룡의 뼈에서 살점과 피가 발견되었습니다(Science, 2005). 이런 증거들은 지층과 화석의 형성이 결코 오래 되지 않았음을 잘 보여 주고 있지만, 진화론자들은 도리어 공룡의 살점과 피가 수천만 년이 지나도 그대로 존재할 수 있음을 보여 주었다고 해석합니다.

지층 구조가 단기간에 형성될 수 있는 것은 1980년 미국 헬렌 화산이 폭발하면서 증명되었습니다. 지층 구조 형성이 많은 사람들의 눈앞에서 빠른 시간에 진행되었습니다. 또한 세계 곳곳에서 발견되는 여러 개의 지층 구조를 관통하는 다지층 나무 화석은 지층이 동시에 생겼다는 것을 잘 보여 주고 있습니다.

2. 대규모 퇴적암 지층 구조

진흙이 굳어져서 퇴적암이 형성되는 것은 이미 잘 알려진 사실입니다. 퇴적암이 강의 하류에 서서히 형성될 수도 있지만, 퇴적암은 지구 전체에서 광범위하게 발견됩니다. 또한 그 규모가 상상을 뛰어 넘습니다. 퇴적층들은 광대한 넓이로 수평으로 쌓여 있고, 퇴적물질 성분은 매우 균일합니다. 지구 지표의 75% 정도가 수백 m에서 수 km에 이르는 퇴적암으로 구성되어 있습니다. 그랜드캐년은 물론 히말라야, 알프스, 안데스 산맥들과 같은 거대한 산맥들도 바다에 잠겼던 흔적으로 정상 부위에 퇴적암층이 뚜렷이 보입니다.

거대한 사암층, 역암층 등이 형성되려면 흙덩이가 물에 의해 부서진 후 모래, 자갈이 먼 거리를 이동하면서 분리되는 과정이 필요합니다. 따라서 거대한 사암층 지층 구조가 만들어지기 위해서는 거대한 물의 움직임이 지속적으로 이뤄져야 합니다. 미국 그랜드캐년에서 발견되는 타핏 사암층은 두께가 38-98m에 이르는 엄청난 두께인데, 물에 의해 이동된 모래에 의해 형성된 것입니다.

┃그림 7-8 대규모 타핏 사암층

이런 사암층이 북 아메리카 대륙 전체에서 발견됩니다(그림의 밝은 부분). 또한 미대륙 중앙부의 St. Peter 사암층은 순수한 석영으로만 구성되어 있는데 미국 20개 주에 걸쳐 있습니다. 이런 엄청난 규모의 사암층은 전 지구적인 규모의 엄청난 양의 물이 상당 기간 이동하지 않으면 생길 수 없는 구조입니다.

3. 갑작스럽게 대량으로 형성된 화석

지층과 화석은 진화론자들이 주장하는 것처럼 서서히 형성될 수가 없습니다. 지층이 서서히 쌓이고 그 당시 죽은 생명체가 땅에 묻히면서 화석으로 남았다는 주장은 참으로 황당합니다. 왜냐하면 땅에 묻힌 생물의 사체는 썩어서 없어지지 화석이 될 수 없기 때문입니다. 그리고 홍수가 난다고 해서 화석이 무조건 만들어지는 것도 아닙니다. 만약 홍수가 화석을 만들 수 있다면 홍수가 날 때마다 화석이 형성되어야 할 것입니다. 홍수에 의한 퇴적암 화석은 지금 우리 시대에서는 만들어지지 않습니다. 왜냐하면 화석은 진흙이 암석(퇴적암)으로 빠르게 변화되는 특수한 상황에서 만들어지기 때문입니다.

유명한 갑옷게(투구게)와 그 발자국 화석을 보면 퇴적암석 위에 갑옷게의 발자국이 그대로 남아 있습니다. 갑옷게가 살아서 걸었을 때는 진흙이 암석으로 되기 전이었을 것입니다. 그런데 지금까지도 이 발자국이 없어지지 않았다는 것은 빠른 속도로 진흙이 암석으로 변했다는 것을 알 수 있습니다.

▎그림 7-9 갑옷게와 죽음의 발자국

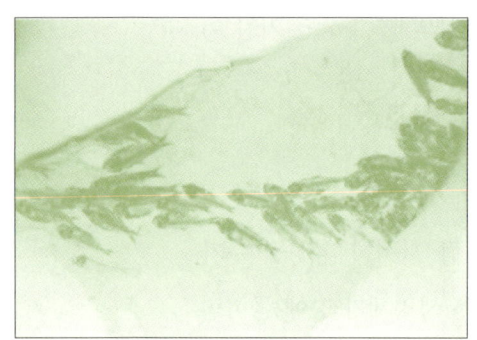
▎그림 7-10 떼죽음을 당한 물고기 화석

어떻게 빠른 속도로 진흙에서 퇴적암이 형성될 수 있을까요? 그것은 격변적인 상황에서 대규모의 진흙이 발생되고, 높은 압력과 온도가 가해질 때 가능한데 노아 시대 대홍수는 이런 조건을 만족시켜 줍니다. 바로 엄청난 홍수로 인해 지상의 수많은 생물들이 퇴적물에 파묻히고, 지각 변동, 대홍수, 물층의 파괴 등으로 인해 엄청난 압력과 높은 온도가 발생되는 환경에서 지층과 화석이 형성된 것입니다. 지금 시대에도 뉴질랜드 타라웨라 화산 폭발 이후 화산재에 묻혔던 모자, 햄, 전선줄 등이 화석화 된 형태로 발굴되기도 했습니다.

또한 화석의 형태를 보면 죽은 동물이 화석이 된 것이 아니라 살아 있는 상태에서 갑자기 나타난 격변 상황에서 화석이 된 것임을 알 수 있습니다. 영국의 오크니 고지대는 수백만 마리의 물고기들이 떼죽음 당해서 화석으로 되어 있고, 미국의 록키 산맥에는 셀 수 없이 많은 파충류들이 떼죽음 당해서 화석이 되었습니다. 몽골 등에서는 공룡이 싸우고 있다가 화석이 된 것이 발견되기도 합니다. 많은 화석들이 여러 동물들이 섞여 있는 채로 발견되고, 화산 폭발 등의 흔적도 찾아볼 수 있습니다.

화석에서 진화론이 스스로 모순을 보이고 있는 부분이 '진화의 빅뱅'입니다. 시생대에서는 전혀 나타나지 않고 있던 화석이 바로 위 지층인 고생대 캄브리아기에 갑작스럽게 수많은 생명체의 화석이 나타납니다. 진화론자들조차도 진화할 시간이 부족하다고 고백할 수밖에 없어서 '진화의 빅뱅'이라고 부릅니다. 그 전에 어떤 생명체도 없이 갑자기 완벽한 형태의 생명체들, 특히 바다에 사는 생명체들 화석들이 나타나는 것을 진화론은 설명할 수 없습니다. 도리어 화석은 진화된 순서가 아니라 살고 있던 서식처에서 대홍수의 격변에 의해 다량으로 묻혀서 형성되었다는 대홍수 이론이 진화의 빅뱅이론보다 캄브리아기 화석을 더 잘 설명할 수 있습니다.

7과 | "대홍수의 증거"를 마치며

　과거를 기록한 대부분의 역사 기록들에는 많은 왜곡이 있지만 성경은 진정한 인류의 역사를 잘 보여 주고 있습니다. 지혜롭게 창조된 인간은 처음부터 농경 문화를 이루어 살았고, 농사를 짓지 못하게 된 가인의 후예들이 새로운 문명을 개척하는 모습을 잘 보여 주고 있습니다. 그러나 영적인 후예들이 하나님을 경외하지 않고 타락하여 지구 전체가 죄악이 관영하게 되자 그 문명들은 대홍수 심판으로 사라지게 되었습니다. 그 이후 새로운 인류 문명이 시작되었습니다.

　그러나 사람들은 창세기를 신화 취급하면서 과거 대홍수의 심판이 없었던 것처럼 주장하지만 성경은 노아 시대 홍수에 대하여 자세히 기록하고 있고, 예수님도 직접 노아 시대 홍수를 언급하셨습니다(마 24:38,39, 눅 17:27). 대홍수는 전 지구를 덮었고, 대홍수 이후에는 산이 솟아오르고 대륙이 이동하는 엄청난 지각 변동이 있었습니다. 과거를 보여 주는 지층과 화석은 진화를 보여 주는 것이 아니라 과거에 엄청난 대격변이 있었음을 보여 주고 있습니다.

　전 지구적 규모의 퇴적암층, 빠른 시간에 형성된 지층과 화석, 격변적 상황에서 형성된 생명체 화석들은 과거의 대격변이 상상할 수 없는 수준임을 보여 주고 있습니다. 캄브리아기에 갑자기 나타난 생명체 화석들은 '진화의 빅뱅'이 아니라 격변적인 상황에서 매몰되어 형성된 화석들입니다. 역사와 성경과 과학적 증거들은 모두 대홍수의 심판을 증거하고 있는데, 진화론적 과학과 역사 해석만이 이 뚜렷한 증거를 외면하고 있습니다.

과 학 이 성 경 으 로 열 린 다

08 대홍수와 노아의 방주

옛 세상을 용서하지 아니하시고 오직 의를 전파하는 노아와 그 일곱 식구를 보존하시고 경건하지 아니한 자들의 세상에 홍수를 내리셨으며 (벧후 2:5)

대홍수 심판   주제1

전 지구적인 대홍수 사건에 대한 성경의 기록을 이 시대는 다시 주의 깊게 봐야 합니다. 모든 인류가 멸망당하는 대홍수의 심판은 경고 없이 이뤄지지 않았습니다. 더디고 더디게 심판이 임하는 것은 그만큼 심판을 늦추고 싶은 하나님의 마음이 아닐까 생각됩니다.

1. 창세기 4장부터 6장까지 대홍수 심판 이전 사람들의 죄는 어떤 것들이 있었나요? (창 4:8,9,19,23, 6:3)

살인자 가인의 후예 중에는 또다른 살인자로 라멕이 등장합니다. 라멕은 두 아내를 거느리는 담대함(?)을 가졌습니다. 두 아내의 이름에서 여인들이 장식을 하기 시작했다는 것을 알 수 있습니다. 아마도 여인들 간에 아름다워지려는 경쟁이 치열했던 것 같습니다. 셋의 후예들은 하나님의 아들, 아담의 후손으로 기록되어 있습니다. 그러나 셋의 후예들도 모두 타락하여 노아와 그 가족 외에는 모두 멸망당합니다. 죄의 확산은 참으로 빠르고 강합니다.

2. 성경은 노아 시대 사람들이 대홍수 심판을 받게 된 구체적 이유를 무엇이라고 기록하고 있습니까?(창 6:5-7)

3. 지금 이 시대에 하나님의 진노가 쌓이는 이유는 무엇입니까?(롬 2:5, 골 3:5-6)

4. 예수님께서는 인자의 때와 노아의 때, 롯의 때에 사람들이 어떨 것이라고 말씀하시나요?(눅 17:26-30, 창 19:14)

지금 이 시대의 많은 사람들이 복음을 거부하고, 예수님의 재림을 광신자들의 주장 쯤으로 치부하며 하나님의 심판을 두려워하지 않고 있습니다. 노아의 시대와 비슷한 모습입니다. 예수님이 말씀하신 인자의 때가 가까웠다는 것을 보여 주는 것 같습니다. 그렇기 때문에 노아 시대의 전 지구적인 대홍수 사건을 통한 성경의 경고를 이 시대는 다시 주의 깊게 봐야 합니다. 지층과 화석이 보여 주는 대홍수의 격변의 증거들을 이 시대 사람들에게 증거하여 과거 대홍수의 심판이 역사적 실제 사건인 것처럼 다가올 심판도 분명히 있다는 것을 알려 줄 필요가 있습니다.

모든 인류가 멸망당하는 대홍수의 심판은 경고 없이 이뤄지지 않았습니다. 세 번에 걸친 경고가 있었습니다. 하나님은 창세기 6장 3절에서 그들의 날이 일백이십 년밖에 남지 않았음을 경고하셨습니다. 또한 하나님은 세상의 종말에 대하여 '므두셀라'라는 이름을 통해 오래 전부터 경고하셨던 것 같습니다. '므두셀라'라는 이름의 뜻은 파숫군, 활 쏘는 사람 등 여러 가지가 있으나 이름의 종합적인 의미는 '이 사람이 죽으면 종말이 온다'는 것입니다.

므두셀라는 하나님과 동행하다 죽음을 보지 않고 하늘로 간 에녹의 아들입니다. 에녹이 므두셀라를 낳고 이런 이름을 지은 것은 특별한 의미가 있었던 것 같습니다. 므두셀라가 969년이나 살아 있는 동안 사람들은 종말에 대한 의미를 그 이름으로부터 들었을 것인데 이 경고를 무시한 것입니다. 므두셀라가 죽은 그 해가 바로 노아 600세 되던 해, 즉 대홍수의 심판이 일어난 해입니다. 므두셀라가 그토록 오래 산 것도 그만큼 심판을 늦추고 오래 기다리시는 하나님의 마음이 아닐까 생각됩니다. 세 번째 경고는 노아가 방주를 짓는 것을 통해 이루어졌을 것입니다(벧전 3:20). 대홍수를 대비하여 산 위에 방주를 짓는 노아를 보면서도 누구도 대홍수의 심판을 두려워하여 그 방주에 자신도 태워달라고 요청하지 않았습니다. 사람들은 하나님을 두려워하지 않았고, 심판도 믿지 않았던 것입니다.

5. 창세기 족장들이 아담 이후 언제 태어나서 언제 사망했는지 아래 표의 괄호에 아담 이후 연도를 기록해 보세요.

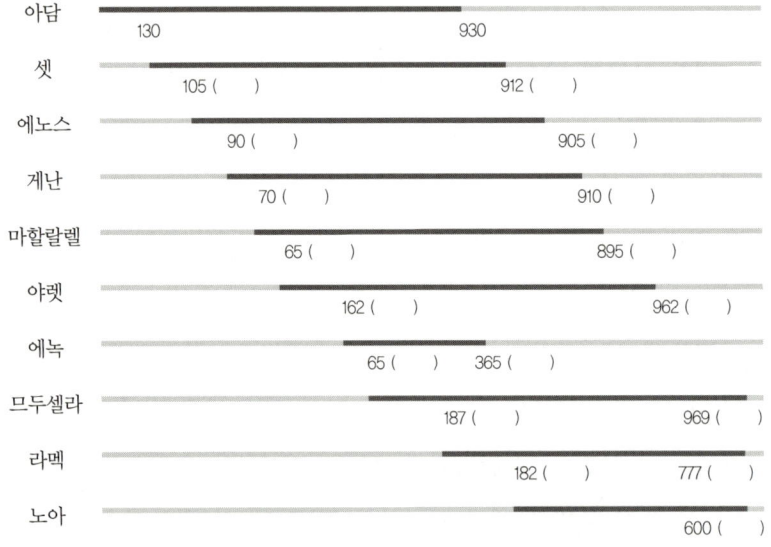

6. 성경의 인물 중에서 가장 오래 살았던 므두셀라가 사망한 연도는 아담 이후 몇 년이고, 노아 시대 대홍수가 일어난 연도는 몇 년인가요?

　창세기 5장에 기록되어 있는 창세기 족보는 창조 이후 아담에서부터 대홍수의 심판이 이뤄지기까지 오래 걸리지 않았음을 보여 주고 있습니다. 아담 이후 9대째인 노아 때에 와서 대홍수의 심판이 임했습니다. 족보에 기록된 족장들의 이름들을 누가복음 등에 나온 족보들과 비교하면 빠진 족장들의 이름도 있는 것 같습니다. 그러나 중간에 빠진 족장들이 있어도 연대를 계산하는 데는 지장이 없습니다. 왜냐하면 족장들이 태어난 해와 사망 한 해가 각각 기록되면서 다음 족장과 서로 연결되어 있는 이중 구조로 되어 있기 때문입니다. 아담 이후 몇 년이 지났는 지 계산할 수는 있지만, 창세기 기록에는 몇 월에 사망하고 출생했는지는 기록되어 있지 않기 때문에 실제로는 약간의 오차가 있을 수 있습니다. 항상 같은 달에 태어나고 사망했다고 가정하여 계산해 볼 수 있습니다.

　창세기 중에 연대에 관련된 기록과 대홍수의 기록만큼 신화 취급 당하는 것도 없을 것 같습니다. 연대에 관련된 문제는 뒤에 다시 다루겠지만 창세기 족보에 근거한 연대가 비과학적이라고 판단할 과학적 근거는 전혀 없습니다. 대홍수에 대한 것도 자세한 날자까지 나오면서 사건의 진행을 자세히 기록하고 있는데, 성경의 다른 곳에서도 찾아 보기 힘든 세세한 기록입니다.

7. 노아 시대 대홍수의 진행에 대하여 성경에는 날자가 어떻게 기록되어 있나요?(창 7:10-8:16)

___

___

___

___

대홍수 사건이 이처럼 자세하게 기록되어 있는 것은 대홍수 사건 기록이 역사적인 것임을 강조하는 것이며, 이처럼 강조하는 이유는 인류가 경험한 첫 번째 전 지구적인 심판이기 때문입니다. 또한 이런 과거의 역사를 자세히 기록하여 미래에 경험할 예수님 재림 때의 최후의 심판에 대하여 경고하시기 위한 것입니다.

주제 2 심판 가운데 열어놓으신 구원의 길

이런 엄청난 대격변의 홍수는 하나님의 진노의 심판이었습니다. 그러나 하나님은 심판을 즐겨 하시지 않으며, 근심하시고 한탄하시면서 심판하셨습니다(창 6:5-7).

8. 하나님께서는 악인의 죽음에 대하여 어떻게 생각하시나요?(겔 33:11)

_____

_____

　　노아 시대에 인류의 범죄는 돌이킬 수 없을 정도로 광범위해지고 깊어졌습니다. 이로 말미암아 땅과 땅 위의 동물들까지 멸망당하게 된 것입니다. 그러나 이런 진노의 심판 가운데서도 구원을 받을 수 있는 길을 열어 놓으셨습니다. 바로 노아를 통해 방주를 짓도록 한 것입니다(창 6:13-19). 하나님의 구원 사역은 항상 하나님의 사람들을 통해 이뤄집니다. 하나님은 연약한 인간과 구원 사역을 함께 하셔서 인간이 하나님의 자녀로서의 특권과 섬김의 의무가 있음을 보여 주셨습니다. 또한 하나님의 말씀에 순종하는 노아를 통해 우리에게 순종의 모델을 보여 주셨습니다.

9. 노아가 건조하였던 방주의 크기는 어떻게 되나요?(창 6:15)

_____

_____

10. 노아의 방주를 통해 구원받은 사람들은 몇 명이고, 어떤 동물들이 방주에 탔나요?(창 7:13, 7:2-3, 7:14-15)

_____

_____

▮ 그림 8-1 노아 방주의 모형

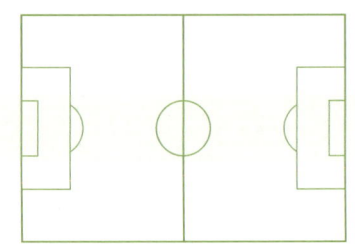
▮ 그림 8-2 노아 방주와 축구장

　　방주는 축구장보다 길고, 농구 코트 20개를 합친 넓이에 3층으로 만들어진 거대한 크기입니다. 성경은 이 방주에 호흡하는 동물들을 종류대로 한 쌍(또는 암수 일곱 마리)씩 태우도록 하셨습니다(창 6:20, 7:2). 땅에서 호흡하는 동물들을 모두 태운 것이 아니라 '종류대로' 태우도록 하셨습니다. 그래도 상당히 많은 동물들이 탔을 것입니다. 현재 땅 위의 동물들은 약 17,600여 종인데 종류는 종보다 큰 개념이기 때문에 정결한 짐승은 암수 일곱 마리가 탄 것을 고려해도 방주에 충분히 태웠을 것입니다.

　　동물들의 크기를 평균 '양(¥)'만하다고 하면 방주에는 약 12만 마리를 실을 수 있는 용량이기 때문에 동물들과 식량까지 실을 수 있었습니다. 공룡과 같이 거대한 동물은 적당한 크기의 어린 공룡을 태웠을 것입니다. 거대 화석들의 증거는 과거 동물 뿐 아니라 인간도 훨씬 컸을 가능성을 보여 주고 있으며, 그렇다면 한 규빗이 대략 44-50cm(46cm)로 계산하지만 훨씬 길었을 가능성도 있습니다. 또한 방주에 타지 않은 곤충과 식물들은 대격변의 과정에서 수많은 나무들이 부서져 형성된 거대한 식물 매트(떠 다녔을 식물들)를 통해 살아남았을 것입니다.

하나님께서 동물들을 창조하실 때 종류대로 창조하셨고, 종류대로 창조한 생명체들이 생육하고 번성하도록 축복하셨습니다(창 1:21,24-25,28). 노아의 방주에 기식 있는 생명체들이 종류대로 실렸지만(창 6:20), 종류 안에서 다양한 모든 것들이 실리지는 못하고 암수 일곱 마리 혹은 한 쌍만이 탔습니다. 종류대로 실린 동물들이 홍수 후에 방주에서 나올 때, 하나님께서는 처음 창조하셨을 때 말씀하신 종류대로 생육하고 번성하라는 복을 다시 내려 주십니다(창 8:17,19, 9:1). 사람도 동물도 대홍수 이후 다시 시작된 것입니다.

11. 노아의 방주 속에 사람들과 동물들이 얼마나 오래 있었나요?(창 7:10-8:16)

1년이 넘는 기간 동안 사람들과 동물들이 어떻게 지냈을까요? 노아와 노아의 가족들은 동물 돌보기에 무척 바빴을 것 같습니다. 그렇지만 방주에 탄 동물들이 평상시처럼 활발하게 움직이지는 않았을 것입니다. 동물이란 생존이 위협되는 상황이 되면 동면(冬眠)과 같은 상태를 취해 에너지를 최소한으로 소모하게 되는데 방주 안에서 그런 상태로 있었을 가능성이 높습니다. 동물들이 하나님이 명하신 대로

그림 8-3 노아 방주 안전성 실험 장면

방주에 들어갔듯이(창 7:16) 그 안에서도 특별한 하나님의 간섭하심이 있었을 것입니다.

하나님께서는 노아에게 방주의 규격을 직접 가르쳐 주셨습니다. 방주의 설계자는 하나님이시고, 그 설계대로 지은 사람은 노아입니다. 이 방주의 설계도대로 재현해서 실험을 한 결과 30m의 파고에도 거뜬하고, 43m의 파고에도 안정적인 놀라운 설계라는 것이 한국해양연구원 해양시스템안전연구소 실험(1992년)에서 밝혀졌습니다. 현대 과학이 기록하고 있는 바다에서 일어나는 파도 중에 가장 높은 것도 40m를 넘지 않습니다. 이런 면에서 볼 때, 노아의 방주는 매우 안정된 설계이며, 하나님께서 지시한 규격이 대홍수의 격변을 견딜 수 있도록 특별히 설계되었다는 것을 잘 보여 주고 있습니다. 방주의 규격에 대한 안정성 실험은 노아 시대 대홍수에 대한 기록이 신화가 아니라 역사적 사실을 기록한 매우 실제적인 내용이라는 것을 반증하는 것입니다. 성경 외에는 이 세상의 어떤 홍수 신화도 이런 구체적이고 안정적인 형태의 방주 규격을 제시하고 있지 못하고 있습니다.

12. 방주를 건조하여 자신과 자신의 가족과 땅 위의 들짐승과 육축을 구원한 노아를 성경은 어떻게 묘사하고 있나요?(창 6:8,9)

13. 노아 시대에 구원의 방법이 방주를 타는 것이었다면 이 시대 구원의 방법은 무엇이고 우리의 역할은 무엇인가요?(롬 1:2, 딤후 1:10, 마 24:14, 행 14:15, 행 20:24)

구원을 받는다는 것은 하나님의 심판이 있기 때문에 의미가 있는 것입니다. 복음은 예수 그리스도를 통해 하나님의 진노하시는 심판에 들어가지 않고, 죄의 결과인 죽음에 머무르지 않고 부활한다는 기쁜 소식입니다. 예수 그리스도의 십자가의 죽음과 부활을 통해 우리의 죄가 죽고, 그와 함께 부활에 동참할 수 있다는 기쁜 소식입니다. 노아가 하나님의 말씀에 순종하여 방주를 건조하고 그 가족들과 동물들을 대홍수의 심판에서 구원한 것처럼 우리도 노아처럼 하나님의 말씀에 순종하여 하나님의 구원 역사에 동참해야 합니다. 우리가 예수 그리스도를 통해 구원받고 하나님의 자녀가 되는 은혜를 입게 되는데 이 놀라운 은혜를 사람들에게 알리고 함께 은혜를 누려야 합니다. 하나님은 당신이 창조하신 사람들이 예수 그리스도를 통해 구원받아 하나님의 가족으로 다시 태어나길 원하십니다(롬 8:29,30).

8과 | "대홍수와 노아의 방주"를 마치며

　대홍수의 심판이 일어난 것은 창조주이신 하나님을 떠난 사람들의 죄가 깊어지고 커져서 세상에 가득 찼기 때문입니다. 인간의 죄는 하나님의 심판을 피할 수 없지만, 하나님은 심판이 이르기 전 사람이 회개하길 원하시고, 심판받지 않길 원하십니다. 노아 시대 전 지구적인 대홍수 심판을 통해 구원의 방주를 타지 못한 인류가 멸망하였다는 것을 아는 것이 왜 중요할까요? 그것은 성경에 기록된 대로 노아 시대와 같은 전 지구적인 심판이 예수님이 재림하실 때 또다시 이뤄진다는 것을 믿게 하기 위해서입니다. 성경에 기록된 역사적 사건을 믿지 못하는데 어떻게 앞으로 이뤄질 전 지구적인 불의 심판을 믿을 수 있겠습니까? 마지막 때가 가까이 다가올수록 사람들은 성경에 기록된 과거를 부정하고, 예수님의 재림을 믿지 않습니다. 지층과 화석을 통해 나타난 대홍수의 증거들은 성경의 경고를 믿지 않는 사람들이 하나님의 심판대 앞에서 핑계할 수 없게 만듭니다.

　우리의 역할은 모든 사람이 구원받을 수 있도록 복음 증거에 더 힘쓰는 것입니다. 예수 그리스도를 믿는 것만이 구원의 유일한 길입니다. 지금도 예수님이 다시 오기 전, 마지막 심판이 선포되기 전에 회개하고 돌아와야 할 사람들이 많습니다. 대홍수의 심판 가운데서 인간이 살아남은 것은 노아 한 사람의 순종 때문이었던 것처럼, 우리의 순종을 통해 회개와 구원의 역사가 일어나길 소망합니다. 순종은 선택이 아니라 자녀의 의무입니다. 예수님도 경고하셨습니다. "나더러 주여 주여 하는 자마다 천국에 다 들어갈 것이 아니요 다만 하늘에 계신 내 아버지의 뜻대로 행하는 자라야 들어가리라."(마 7:21) 노아처럼 우리도 하나님의 말씀에 순종할 때 주님의 복음이 우리를 통해 땅 끝까지 전해지게 될 것입니다.

과 학 이 성 경 으 로 열 린 다

09 대홍수, 그 전후

노아의 때에 된 것과 같이 인자의 때에도 그러하리라 노아가 방주에 들어가던 날까지 사람들이 먹고 마시고 장가 들고 시집 가더니 홍수가 나서 그들을 다 멸망시켰으며, 인자가 나타나는 날에도 이러하리라 (눅 17:26-27,30)

물층으로 둘러싸인 지구 〔주제1〕

창세기를 읽으면 아담은 930세, 셋은 912세, 그리고 노아는 950세(창 5:5, 8, 9:29) 등 창세기 시대의 인간 수명이 천 년에 가깝다는 것을 발견합니다. 지금의 과학적 상식으로는 너무나도 믿기 어렵게 느껴지지만, 우리가 당시 지구 환경이 지금과는 다르다는 것을 모르기 때문에 그런 것입니다. 과거에 대한 우리의 과학적 상식이 성경을 무시한 진화론 교육으로부터 왔기 때문입니다. 성경은 대홍수 이전과 이후 환경이 급격하게 달라져 수명의 변화가 생긴 것을 보여 주고 있습니다. 대홍수 이전의 환경은 대홍수 이전의 환경에 살고 있던 생명체들의 화석 연구를 통해 알 수 있습니다. 진화론자들은 화석과 지층을 진화론적으로 해석하기 때문에 대홍수 이전과 이후로 확연히 구분되는 화석의 증거들을 외면하고 있습니다. 화석의 증거들은 대홍수 이전, 지금과는 매우 다른 환경에서 생명체들이 살았으며, 지금보다 훨씬 큰 몸체를 가지고 있었고 그만큼 수명도 길었다는 것을 보여 줍니다.

1. 대홍수 이전과 이후 달라진 주요한 환경의 변화는 무엇일까요?(창 1:6-7, 7:11-12, 시 104:6-8)

   _____

   _____

   _____

사람들은 성경의 기록보다 자신들의 상식이 더 맞는다고 착각합니다. 100살을 넘기기 힘든 사람들의 수명을 생각할 때 성경에 나오는

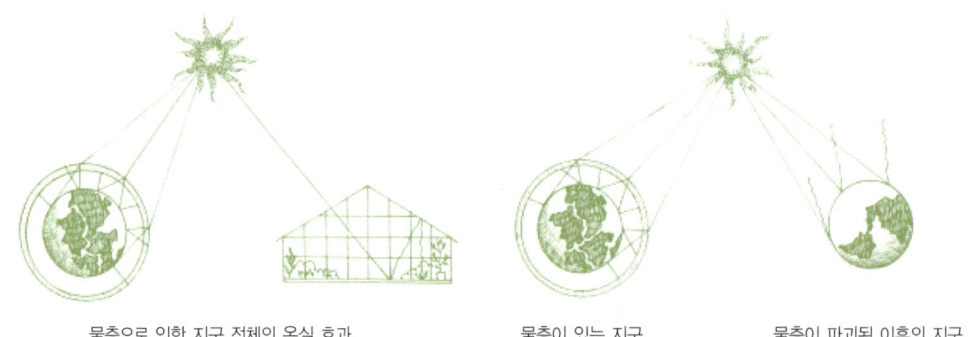

물층으로 인한 지구 전체의 온실 효과   물층이 있는 지구   물층이 파괴된 이후의 지구

▎그림 9-1 물층이론

▌그림 9-3 화석에서 재구성한 뿔 없는 rhinoceros(소)

▌그림 9-2 남극에서 발견되는 따뜻한 기후에 사는 동식물의 화석

▌그림 9-4 거대한 잠자리 화석(약 0.914m)

1,000살 가까이 살았다는 기록이 믿어지지 않는 것은 어쩌면 당연할지도 모릅니다. 그것은 과거의 지구와 지금의 지구가 얼마나 다른지 잘 알지 못하기 때문입니다. 과학자들은 과거의 지구가 지금보다 따뜻했고, 대기가 안정되어 태풍도 훨씬 적었을 것이라고 말합니다. 물론 과학자들이 주장하는 과거란 진화론적으로 오래 전의 과거를 뜻하는 것입니다. 그러나 지층이 격변적으로 형성된 것을 아는 우리로서는 바로 이런 내용들이 대홍수 전의 지구 환경을 말한다는 것을 알아차리게 됩니다. 지구 곳곳에서 따뜻한 기후에서만 사는 동식물의

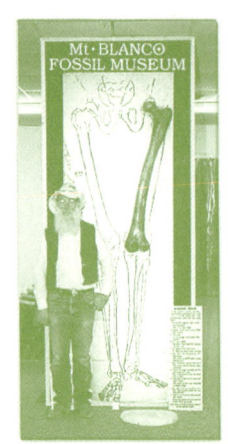

그림 9-5 터키 남동쪽 유프가
테스 계곡에서 발견
된 인간의 대퇴골
(추정키 : 4.2-4.9m)

화석들이 발견됩니다. 남극이나 시베리아에서도 따뜻한 기후에 사는 동식물들의 화석이 발견됩니다. 어떻게 이런 일이 가능할까요? 과학자들은 남극이 적도 지방에 있다가 이동한 것이라고 주장하거나 과거 화산 활동이 활발해서 따뜻했다고 주장합니다. 그러나 이런 주장보다 성경의 기록대로 지구가 물층으로 둘러싸여 지구 전체가 따뜻하고, 안정된 기후를 갖고 있었다는 것이 더 설득력이 있습니다. 창세기 1장 6절에 하나님께서는 물을 궁창 위의 물과 궁창 아래의 물(바다)로 나누셨다고 기록하고 있습니다. 바로 이 궁창 위의 물이 대홍수 때 파괴되어 없어진 것입니다.

지구의 대기권 위에 물층이 어떻게 계속 존재할 수 있었는지 과학적으로는 설명이 거의 불가능합니다. 이미 물층이 파괴되어 없기 때문에 과학적 관찰 자체가 안 되기 때문입니다. 그러나 물층의 존재는 과거 지구의 환경이 지금과는 달랐다는 것을 성경은 가장 잘 설명할 수 있는 요인입니다. 왜냐하면 과거를 나타내 보여 주는 화석을 보면 단순히 따뜻한 기후만으로는 설명할 수 없기 때문입니다. 지금보다 훨씬 거대한 소, 잠자리, 사람들이 살았습니다. 사람의 경우 홍수 이후에도 매우 큰 사람이 있었다는 것을 성경은 기록하고 있습니다(민 13:33, 신 3:11). 악어와 같은 파충류는 살아 있는 동안 계속 성장하는데, 화석으로 발견된 악어 중에는 지금의 악어보다 길이가 3배나 되는 것도 있습니다. 즉, 그만큼 오래 살았으며 공룡과 같은 거대한 동물이 살 수도 있었다는 것입니다. 사람 역시 성경의 기록에 의하면 오래 살았습니다. 대홍수 이전의 지구 환경은 생물들에게 매우 유리한 환경이었을 것입니다.

2. 대홍수 이후 하나님께서는 다시는 모든 생물을 홍수로 멸하지 않을 것이라고 말씀하시면서 언약의 증거로 삼은 것은 무엇인가요?(창 9:11-13)

   하나님께서 홍수 이후에 구름 속에 무지개를 두어(창 9:13) 다시는 홍수로 멸하지 않겠다는 약속을 하신 것을 보면 홍수 이전에는 무지개가 없었을 가능성이 큽니다. 이 무지개 언약은 하나님께서 이 무지개를 볼 때마다 인간이 악함에도 불구하고 참고 땅을 멸하지 않겠다는 결심을 기억하시겠다는 것입니다(창 9:12-16). 하나님께서는 내 무지개를 구름 속에 두었다고 표현하십니다(창 9:13). 아마도 대홍수 이후 땅을 밟은 노아와 그 가족들에게 하나님께서는 무지개를 처음 보여주시면서 약속을 하셨을 것입니다.

3. 대홍수 이후 지구의 환경 변화에 대하여 성경은 어떻게 기록하고 있나요?(창 8:22)

대홍수 이후 빙하기가 온 것으로 보입니다. 물층이 파괴되면서 국지적으로 급격한 온도 강하가 있어 부분적인 빙하 형성도 있었고, 격변에 의한 지층 형성과 함께 뒤섞인 양상도 보이며, 거대한 대륙을 덮는 빙하도 형성된 것으로 보입니다. 빙하기에 대하여는 아직도 과학적으로 많은 연구가 필요하기 때문에 빙하기가 어떻게 일어났고, 얼마나 지속되었는지 모르는 부분이 많습니다. 그러나 빙하기라고 해서 전 지구가 빙하에 덮인 것이 아니라 아메리카 대륙으로 따지면 미국 오대호 지역까지 빙하가 덮였다가 물러간 것으로 보입니다.

어떻게 이런 거대한 빙하기를 초래할 대규모 기후 변화가 왔는지에 대하여 과학자들은 여러 가지 가설을 제시하지만 아직까지 뚜렷하게 지지받는 가설은 없는 실정입니다. 그러나 대홍수를 인정하면 빙하기가 훨씬 쉽게 설명될 수 있습니다. 큰 깊음의 샘이 터진 것도 빙하기 형성에 주요한 역할을 했을 것입니다. 큰 깊음의 샘이 터지면서 지표로 올라온 많은 물들이 다량의 수증기가 되었다가 눈으로 내리면서 빙하 형성에 기여를 하였을 것입니다. 화산재가 섞여 있는 빙하가 많기 대문에 화산 폭발의 영향으로 빙하기가 촉발되었을 가능성도 높습니다.

대홍수 전후 환경이 달라지면서 사람들의 수명도 많이 달라졌습니다. 창세기 5장에 등장하는 아담과 그 자손들의 나이는 대개 900살이 넘는 반면, 홍수 이후의 족장들은 수명이 급속히 감소하고 있습니다.

4. 홍수가 끝난 후에 사람들의 수명은 어떻게 되었나요? (창 11:10-26)

홍수 이후의 사람들의 수명이 급격히 감소하는 이유는 여러 가지였을 것입니다. 홍수 이전에는 물층이 존재해서 전 지구의 기후가 온화하여 생명체에 유리한 환경이 조성되었을 것입니다. 대홍수는 큰 깊음의 샘이 터지면서 시작되었는데 이때 지하의 방사선들이 지상으로 많이 노출되었을 가능성이 높고, 물층이 파괴됨에 따라 자외선, 우주방사선 등도 더 많은 양이 들어오게 되었을 것입니다. 이런 상황에서 유전 정보 중에 일부가 상실되었을 가능성이 높아서 후대로 갈수록 급격한 수명 감소가 이루어졌을 것입니다.

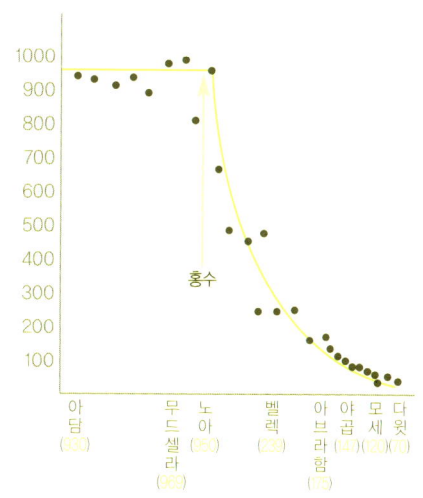

그림 9-6 대홍수 전후 족장들의 수명

또한 환경이 변함에 따라 풍성히 먹을 식물이 줄어들고, 식생활의 변화 등도 수명 감소의 원인이 되었을 것입니다. 바벨탑 사건도 수명 감소에 주요한 원인이었을 것입니다. 바벨탑 사건 후 벨렉부터 수명이 급격히 감소되었습니다. 성경은 대홍수 이전과 이후 사람들의 수명이 급격히 달라지고, 지속적으로 감소되는 것을 보여 주고 있습니다

(창 11:10-26).

최근 사람들의 수명이 증가하는 것은 영양 상태의 개선, 의료 기술의 발달 등에 힘입은 것이지만, 야곱 시대의 수명에도 미치지 못하는 것입니다.

5. 대홍수 직후 사람들의 식물(먹을 것)이 어떻게 바뀌나요?(창 9:3)

_____

_____

하나님께서는 인간을 창조하신 후 채소와 과일이 너희들의 식물(먹을 것)이라고 말씀하셨는데(창 1:29), 대홍수 직후에는 동물도 채소처럼 먹을 수 있지만 피채 먹지는 말라고 말씀하셨습니다(창 9:3-4). 하나님께서 동물도 먹을 수 있도록 하신 것은 대홍수 이후의 환경에서 식물들이 잘 자라지 못하고, 겨울이나 빙하기 때에는 채소, 과일 등을 먹을 수 없기 때문에 허락하신 것 같습니다.

주제 2 인류 역사에 나타나는 대홍수 전설

대홍수에 대한 전설이 전세계적으로 200개가 넘기 때문에 대홍수는 인류의 공통 신화라고 이야기합니다. 실제로 일어나지도 않은 사건이 모든 인류의 공통 신화가 될 수는 없을 것입니다. 각 나라와 민족에 따라 대홍수 신화가 조금씩 다르지만 공통적인 것은 신이 인간에게 노해서 물의 심판을 했다는 것이고, 모든 민족이 자기 조상만이 살아남았다고 주장하는 것입니다.

중국의 소수민족인 묘족의 경우도 자신들의 조상이 대홍수를 극복한 영웅 '누아'라고 소개하고 있습니다. 자유주의 신학자들은 성경에 기록된 대홍수가 바벨론의 신화를 유대인들이 각색한 것이라고 주장합니다. 그러나 대홍수에 대한 이야기들은 오래된 것일수록 성경의 기록과 유사해집니다. 중국의 한자에서도 대홍수의 흔적을 찾아볼 수 있습니다. 큰 배를 의미하는 船(선)자는 배를 의미하는 배 舟(주)+여덟 八(팔)+사람을 의미하는 입 口(구)로 구성되어 있습니다. 여덟 명이 탄 배는 거대한 배를 뜻합니다. 노아의 방주에 여덟 명이 탔고, 노아의 방주는 그 시대 가장 큰 배였을 것입니다. 한자의 구성이 모두 창세기와 연결되는 것은 아니지만 상당히 많은 한자가 창세기와 연결되어 해석할 수 있습니다. 또한 각 민족마다 가지고 있는 많은 역사적인 기록들 중 오래된 것일수록 하나님에 대한 신앙이 면면에 나타나고 있습니다. 중국 순 황제의 제사문, 우리나라 단군의 가르침을 기록한 규원사화 등이 그 예입니다.

6. [그림 9-7]은 오하이오주 박물관에 소장되어 있는 미국 원주민들의 대홍수에 대한 석판입니다. 북미 인디언들이 자신들의 조상으로부터 들은 이야기를 그린 것인데 성경에 기록된 대홍수 심판 사건과 공통된 부분들을 찾아보세요.

▎그림 9-7 북미 인디언들의 석판

    대홍수 이후 노아의 세 아들을 좇아 백성이 온 땅에 퍼지게 됩니다 (창 9:19). 인류는 노아의 세 아들의 후손들이라고 성경은 기록하고 있습니다. 인류는 이후 바벨탑 사건을 통해 언어가 갈라지고 흩어지게 되었습니다(창 11:1-9). 바벨탑 사건은 온 지면에 흩어져 살라는 하나님의 명령을 거부한 반역 사건이었습니다. 함의 후손인 니므롯이 중심이 되어 일으킨 이 사건으로 인해 언어가 달라졌고, 이에 따라 언어가 같은 가족들끼리 뭉쳐 각기 나누어질 수밖에 없었을 것입니다. 이후 민족들과 나라들이 세워지게 되었습니다. 흩어진 인류들은 자신들의 역사들을 기록하였는데 반역자들의 후손들은 심각하게 역사를 왜곡하여 하나님 대신 우상 숭배의 길로 들어섰습니다. 영적인 후손들도 세월이 흐르면서 하나님을 경외하는 것을 잃어버리고 말았습니다.

그러나 고고학적인 증거들은 바벨탑 사건 이후 흩어진 인류의 흔적들을 잘 보여 주고 있고, 과학적 증거들은 인류가 세 집단으로 구분됨을 보고하고 있습니다. 2006년 레돈(Redon) 박사 등은 DNA의 변이를 조사한 결과 인류가 아프리카, 유럽, 아시아인 집단 3개로 구분된다고 발표하였습니다[Nature 444(7118):428-9, 2006]. 진화론적으로 설명되어지지 않는 수많은 증거들이 성경의 기록을 통해서 볼 때 엮어지고 설명될 수 있다는 것을 알게 됩니다.

9과 | "대홍수, 그 전후"를 마치며

대홍수 이전과 이후 세상은 완전히 달라졌습니다. 대홍수 이전 천 년 가까이 살던 사람들의 수명은 감소하게 되었고, 동식물들도 크기가 작아지고 수명이 감소하게 되었습니다. 화석은 이런 변화를 뚜렷하게 보여 주고 있고, 이런 변화를 설명할 수 있는 이론이 성경에 근거한 물층이론입니다. 대홍수 이전과 이후 달라진 것은 물층이 파괴되어 없어진 것만이 아니고 대륙이 이동하였고, 거대한 산맥도 형성되고 빙하기마저 왔습니다. 또한 대홍수 이후 사람들은 바벨탑을 쌓으며 하나님의 명령을 거부하였고, 결국 언어가 달라져 흩어지게 되었습니다.

흩어진 민족들은 하나님 신앙을 왜곡해 우상 숭배에 빠지게 되었습니다. 진화론자들은 종교도 원시 신앙으로부터 고등 종교로 진화되었다고 주장하지만 사실은 창조주 하나님 신앙을 잃어버린 민족들이 우상 숭배를 한 것에 불과합니다. 바벨탑 사건 이후 성경은 아브라함과 이스라엘 민족 중심으로 기술되어 있지만, 하나님은 결코 온 민족을 향한 구원의 역사를 멈추지 않으셨습니다. 예수 그리스도께서 역사 가운데 오신 것은 이스라엘 민족뿐 아니라 모든 민족을 구원하기 위해서입니다. 하나님을 잃어버린 노아의 후손들, 각 민족들에게 다시 기쁜 소식이 전해지는 것입니다.

인류 역사는 창조주 하나님으로부터 시작되었고, 창조주이신 예수 그리스도께서 역사 가운데 들어오셔서 죄와 죽음을 정복하셨고, 다시 오실 때 현재의 인류 역사는 마무리되고 하나님과 함께하는 새 하늘과 새 땅이 열릴 것입니다.

과학이 성경으로 열린다

10. 하나님의 은혜, 성경과 과학

내가 주의 증거들을 늘 읊조리므로 나의 명철함이 나의 모든 스승보다 나으며 주의 법도들을 지키므로 나의 명철함이 노인보다 나으니이다 (시 119:99-100)

하나님께서는 인간에게 두 권의 책을 주셨다고 신학자들은 말합니다. 하나는 자신을 계시한 성경이고, 다른 하나는 하나님의 신성과 능력을 나타내는 피조 세계입니다(롬 1:20-21). 하나님께서 주신 이 두 권의 책이 서로 다를 수는 없을 것입니다. 과학자들은 주로 하나님의 피조 세계만을 열심히 보고 있습니다. 피조 세계를 읽은 결과가 성경과 다르다고 하면 무엇을 의미하는 것일까요? 성경을 우리가 바르게 이해하고 있는데, 과학과 성경이 다르다면 과학을 통해 하나님의 피조 세계를 제대로 읽어내지 못했다는 것입니다. 그러나 많은 경우에 사람들은 성경과 과학이 서로 갈등할 때 성경 기록에 문제가 있다고 생각합니다.

1. 성경과 과학이 서로 갈등한다고 보는 이유가 무엇이라고 생각하나요?

'갈릴레오 심판'은 교회가 과학을 억압한 대표적인 사례로 알려져 있습니다. 그러나 갈릴레오의 지동설을 억압했던 천동설은 실제로 성경에서 나온 이론이 아닙니다. 천동설은 아리스토텔레스 이후 전해 내려오는 전통적인 과학 이론이었을 뿐입니다. 천동설과 지동설의 충돌은 성경과 과학의 충돌이 아니라 새로운 과학 이론과 전통적인 과학 이론의 충돌이었으며, 새로운 과학 이론을 정치적, 종교적 권력으로 억압한 것일 뿐 성경과 과학의 충돌은 아니었습니다. 사회에서 새로운 이론은 항상 억압당합니다. 예를 들어 제멜바이스(Semmelweis)가 1847년 염소 소독된 물로 손을 씻으면 산모들의 사망을 줄일 수 있다고 발표하였지만 당시 대부분의 산부인과 의사들이 이 이론에 반대했고, 그의 업적은 그가 죽은 이후에야 인정받게 됩니다.

지금은 진화론 과학자들이 진화론을 반대하는 이론을 탄압하고 있습니다. 진화론에 대한 비판조차 허용하지 않고 창조론이나 지적설계이론은 종교적이기 때문에 논의할 가치조차 없다고 폄하합니다. 그러나 반대로 진화론에 과학적 증거가 없기 때문에 미국에서는 지적설계이론이 지성인들 사이에서 받아들여지고 있습니다. 진화론과 반진화론의 갈등은 과학과 종교의 갈등이 아니라 '모든 것이 물질 세계로만 구성되어 있으며 하나님은 실재(존재)하지 않는다'는 반실재론과 '하나님은 존재한다'는 실재론 사이의 갈등입니다.

성경이 과학책은 아니지만 인간의 과학이 발전되기 전부터 많은 과학 지식들을 담고 있습니다. 당시의 과학 수준으로는 이해하지 못했던 내용들이 과학이 발전된 후에는 당연한 것으로 이해될 수 있는 것입니다. 이것은 성경이 인간의 기록이 아니라 하나님의 말씀이라는 것을 반증하는 것이며, 우리가 이해하지 못하는 말씀들 중에는 인간의 지식 수준이 낮아서 그럴 수도 있다는 것을 보여 줍니다.

성경에 나타난 과학적인 기록들 주제 1

성경이 기록될 당시에는 이해되지 않지만 이후 지식이 발전하게 됨에 따라 이해되는 예는 많습니다. 둥근 지구, 공기의 무게(욥 28:25), 대기의 순환(전 1:6) 등 다양합니다. 반대로 성경이 기록될 당시에는 너무나 당연한 것이 지금 시대에서는 이해되지 않는 내용이 되기도 합니다. 그 대표적인 것이 공룡에 대한 것입니다.

2. 지구가 둥글고 허공에 떠 있다는 것을 사람들이 안 것은 그리 오래되지 않았습니다. 그러나 성경은 이미 수천 년 전에 그런 사실을 기록하고 있습니다. 성경에서 확인해 보세요(욥 26:7, 사 40:22).

하나님께서 6일 동안 세상을 창조하셨기 때문에 공룡과 인간이 함께 살았던 것은 당연한 일입니다. 고생대, 중생대의 지층과 화석도 오랫동안 서서히 형성된 것이 아니라 대홍수의 격변에 의해 한꺼번에 형성된 것이므로 공룡의 발자국 화석과 사람의 발자국 화석이 함께 나타나는 것은 이상한 일이 아닙니다. 그러나 진화론적인 해석을 하려고 하다 보니 인간과 공룡의 발자국이 함께 발견된 것이 이상할 수밖에 없습니다. 성경과 지층 및 화석의 증거가 일치하고 있음에도 불구하고 잘못된 진화론적 지식으로 공룡이 멸망한 한참 후에 인류가 출현한 것으로 보기 때문에 성경에 공룡이 등장한다면 매우 이상한 일이라고 생각할 것입니다.

3. 성경에 나타나 있는 공룡에 대한 내용을 찾아보세요(욥 40:15-24, 41:1-34).

공룡에 대하여 사람들이 알게 된 것은 1822년 멘텔에 의해 공룡의 이빨 화석이 발견되어 무서운 도마뱀이라는 뜻의 다이노소어(dinosaur)라는 이름이 지어진 이후입니다. 그래서 사람들은 19세기가 되어서야 공룡에 대하여 알게 된 것처럼 생각하지만, 사실은 노아 홍수 이전에 이런 동물들이 인간과 함께 살았기 때문에 대홍수 이전 사람들은 공룡에 대하여 잘 알고 있었습니다. 그렇기 때문에 지금은 존재하지 않지만 욥의 시대에 사람과 함께 살았던 막강한 동물, 공룡에 대하여 하나님께서 언급하시는 것은 전혀 이상하지 않은 일입니다. 성경이 영어로 번역된 것이 1611년 킹제임스성경(King James Version)을 통해서였고, 우리나라 말로 번역하는 과정에서도 적절한 동물이 없기 때문에 하마, 악어로 번역되어 있지만 묘사된 형태로 보나 원어(베헤못, 리워야단)로 보나 이 동물들은 하마나 악어가 아닌 특별한 동물, 즉 공룡이었습니다. 또한 사람들이 공룡과 함께 살았기 때문에 동굴 벽화, 조각품, 그림 등에서 공룡이 많이 등장하고 있습니다. 상상의 동물이 아닌 화석으로 발견되는 그 동물들은 인간과 동시대에 살았습니다. 공룡의 멸망도 대홍수와 연관시켜 보면 쉽게 이해됩니다.

4. 사람과 동물들은 성경적으로 볼 때 어떤 관계입니까?(창 1:28, 2:20, 7:8-9, 9:2)

많은 사람들이 그런 거대한 공룡이 사람과 함께 살았다면 사람들이 살기 힘들었을 것이라고 상상합니다. 실제로는 그렇지 않습니다. 지금도 사람보다 힘세고 사나운 동물들이 때때로 사람에게 위협이 되기도 하지만 대부분의 경우는 동물들이 사람들을 두려워하고 피합니다.

5. 시편 8편 8절 말씀에서 과학 지식과 관련된 내용을 찾아보세요.

_____

_____

　　미국의 매튜 머레이는 시편에 기록된 '바닷길'(시 8:8)이라는 단어를 보고 바다의 길을 찾기 시작했고, 결국 해도를 만들어 많은 사람들에게 유익을 주는 사람이 되었습니다.

주제 2 유전 정보와 성경

　　하나님께서 사람을 하나님의 형상대로 창조하셨기 때문에 인간들은 창조적인 능력으로 과학 기술을 발전시켰습니다. 그러나 하나님을 경외함이 없는 과학 지식은 사람을 풍요롭게 할 수 있을지는 몰라도 진리의 삶으로 인도하시지는 못합니다. 과학 지식의 발전은 하나님이 만드신 세계의 질서를 연구하는 것임에도 불구하고 사람들은 하나님을 외면합니다. 그러나 하나님이 만드신 생명체의 설계에는 놀라운 하나님의 지혜가 반영되어 있습니다.

6. 2001년 2월 12일 인간의 유전 정보를 모두 해독했다는 게놈프로젝트의 결과가 다음과 같이 발표되었습니다. 이 결과를 성경적인 시각으로 보면 어떻게 해석할 수 있을까요?

> "인간에게는 그전에 생각한 것처럼 10만개의 유전자가 있는 것이 아니라 3만 5천개 정도의 유전자가 있으며, 95%의 DNA가 쓸 데 없는 쓰레기 DNA이고, 113개의 유전자는 박테리아로부터 온 것이므로 인간이 박테리아로부터 진화되었다는 것이 다시 한 번 밝혀졌다."
> – 2001년 2월 12일 게놈프로젝트 발표문 중

게놈프로젝트 발표 이후 유전 정보에 대한 연구가 진행됨에 따라 쓰레기라고 생각했던 DNA가 인간의 다양성과 고도의 유전자 조절에 주요한 기능을 하는 것으로 밝혀지고 있습니다. 또한 100조 개의 세포가 몸에 있는데 이 엄청난 세포와 조직을 조절하는 유전 조절 체계는 3만 여개의 유전자에 의해서만 이뤄지는 것이 아니라는 것이 밝혀지고 있습니다. 유전 조절 체계는 처음 과학자들이 생각한 것보다 훨씬 복잡하고 정교한 시스템이라는 것을 알게 되었습니다. 그럼에도 불구하고 과학자들은 이런 시스템이 저절로 우연히 진화되었다는 주장을 계속하고 있는 것입니다. 그러나 과학이 발전할수록 이처럼 성경적 관점과 다른 과학 연구 결과는 결국 수정될 수밖에 없는 운명인 것입니다.

창세기 30장 32절부터 43절까지를 읽어 보면 야곱이 얼룩지고, 아롱진 양을 얻기 위해 많은 노력을 기울이고 있음을 보게 됩니다. 그러나 유전자에 대한 지식을 갖고 있는 요즘에 이런 기록을 보면 야곱이 나뭇가지 껍질을 벗기는 노력으로 이런 양들이 태어났다는 것은 과학적으로 맞지 않습니다. 그렇다면 어떻게 이런 일이 가능했을까요?

7. 창세기 31장 11-12절을 통해 하나님께서 하신 방법이 무엇인지 과학적인 분석을 해 보세요.

야곱이 라반의 양을 빼앗게 된 것은 하나님이 하신 일이라고 고백하고 있습니다(창 31:9). 정상적인 상황에서는 있을 수 없는 일이었습니다. 이것은 하나님의 기적적인 간섭하심이 있어야 가능한 것이지만 그렇다고 해서 하나님께서 없는 유전 정보를 만드시면서까지 얼룩지고 아롱진 양이 태어나도록 하신 것은 아닙니다. 야곱이 열심히 나무 껍질을 벗겨서 얼룩덜룩한 가지를 만든다고 유전 정보가 변하지는 않습니다. 하나님께서는 얼룩지고 아롱진 열성 유전자가 있는 흰 양을 사용하셔서 그런 열성 인자가 모여 실제로 얼룩지고 아롱진 양이 많이 태어나도록 하신 것입니다. 유전 법칙으로는 열성 인자를 가진 양들이 매우 적게 태어나야 하는데 하나님께서 열성 인자를 가진 양들이 더 많이 태어나게 하심으로써 라반의 몫을 빼앗아 야곱에게 주신 것입니다. 이처럼 과학적인 지식은 하나님의 말씀을 이해하는 데 도움을 주기도 합니다.

하나님을 경외하고, 창조하신 자를 좇아가면 당연히 하나님이 만드신 세계에 대한 깊은 지식과 이해가 생길 수밖에 없습니다. 그러나 사람들은 하나님보다 과학 기술을 더 믿고 의지합니다. 과학 기술로 이 세상의 문제를 다 해결할 수 있을 것 같다는 생각을 합니다. 하나님 대신 과학 기술이 우상이 되어버린 것입니다. 그리스도인들조차 과학자들의 주장이 성경과 다르면 성경보다 과학자들의 주장이 더 맞을 것이라고 생각합니다. 그 대표적인 것 중에 하나가 지구와 우주의 연대가 얼마나 되었는가 하는 문제입니다.

지구와 우주의 연대 주제3

지구와 우주의 연대 문제는 그리스도인들 사이에서 갈등을 일으키고 있습니다. 생물학적인 진화론은 이미 증거가 없다는 것이 명백해진 반면에 지구와 우주가 오래되었다는 주장은 방사성동위원소 측정방법, 빅뱅 이론 등 여러 가지 과학적인 이론으로 뒷받침되고 있는 것처럼 보입니다. 그렇기 때문에 지구와 우주의 연대가 오래 되었다고 믿는 그리스도인들이 많습니다.

8. 하나님이 만드신 세계를 볼 수 있는 진정한 능력은 무엇인가요?(히 11:3)

지구와 우주가 오래 되었다고 해서 진화가 일어날 수 있는 것은 아니기 때문에 지구와 우주가 오래 되었다고 해서 진화론을 지지하는 것은 아닙니다. 물론 지구와 우주가 오래 되지 않았다면 진화론 자체가 무용지물이 되고 말 것입니다. 지구와 우주의 연대가 젊거나 오래 되었다는 것이 진화론과 상관없다면 이 문제를 다룰 필요가 있는가 하는 의문도 갖게 됩니다. 그러나 성경이 지구와 우주의 연대에 대하여 비교적 명확한 정보를 주기 때문에 기존의 과학 지식과는 충돌이 일어날 수밖에 없는 것입니다.

9. 창세기 족보에 의하면 아담 이후 아브람이 등장하는 창세기 12장까지 대략 몇 년이 지난 것으로 추정되나요?(8과 참조. 창 5:3-32, 11:10-26)

성경에 의하면 아담이 창조된 것은 창조 6일째이므로 아담 이후 지구의 연대는 지금까지 7천 년을 넘기기 어렵습니다. 이런 연대는 지구의 연대가 30-40억 년, 우주의 연대가 120-150억 년이라고 추정하는 과학자들의 생각과는 너무나 다릅니다. 이런 갈등을 해결하기 위해 많은 사람들이 성경 말씀을 어떻게 해석해야 하는지 고민하고 여러 가지 이론을 만들기도 했습니다.

창세기 족보에 근거한 연대 계산 자체를 부정하는 해석도 있습니다. 창세기 족보 자체가 일부 사람들만이 기록되어 있기 때문에 실제는 훨씬 길다는 것입니다. 그러나 인류 문명 역사의 흔적 자체가 6천 년 이상 되지 않기 때문에 창세기 족보를 무시하고 연대를 길게 하는 것은 별로 의미가 없습니다. 흔히 역사적인 이집트 연대기가 성경과 맞지 않기 때문에 창세기의 기록들이 역사적인 오류가 있고, 창세기 족보에 근거한 연대 추정은 틀린 것이라고 생각합니다.

그러나 고고학자인 데이비드 다운은 이집트 연대기의 각 왕조가 서로 이어져 있는 것이 아니라 병렬적으로 동시에 존재하였으며, 그렇게 해석해야 다른 역사적 자료들과 이집트 연대기가 서로 조화되고, 동시에 성경적 연대기와도 잘 연계됨을 밝혔습니다. 창세기의 기록이 역사적 연대와 잘 맞으며, 창세기 족보에 의한 연대 계산이 7천 년을 넘지 못한다면 오래 된 연대와 성경을 조화시키기 위해서는 창조 주간의 하루가 24시간 하루가 아니라 긴 시간이라는 주장이 대두되게 됩니다.

10. 하나님께서 6일 동안 우주 만물을 창조하실 때 우주는 몇째 날 창조하셨고, 해와 달과 별들은 몇째 날 창조하셨나요?(창 1:1,14,16)

창세기 1장은 6일 동안의 창조 사역을 기록하고 있습니다. 그런데 하루를 뜻하는 '욤'이라는 단어가 하루를 의미하는 것인지 아니면 일정 기간을 의미하는 것인지에 대한 신학적인 논란이 있습니다. '욤'

이라는 단어가 주로 하루를 의미하기도 하지만 일정 기간을 의미하기도 하기 때문입니다. 그렇지만 창세기 1장에 나오는 6일의 하루 하루는 동일하게 '저녁이 되며 아침이 되니 몇째 날이니라'라고 표현되어 있기 때문에 하루 24시간으로 해석하는 것이 타당합니다. 이것은 첫째 날부터 지구가 자전을 하고, 태양 대신 하나님이 창조하신 빛이 지구를 비추고 있다는 것을 의미합니다. 우리가 시간을 측정하는 기준은 지구의 자전과 공전에 근거한 것입니다. 이미 창조 첫날부터 하루 24시간의 개념이 창조된 것입니다. 또한 첫째 날은 원어상으로는 첫째 날이 아니라 '하루'(One day)라고 표현되어 있습니다. 왜냐하면 창조 첫날은 둘째 날이 없는 그냥 하루이기 때문입니다. 무엇보다 중요한 것은 하나님께서 직접 글을 새겨 주신 돌판에 '엿새 동안' 천지 만물을 창조하셨다고 기록되어 있습니다(출 20:11, 31:17,18). 따라서 창조 주간은 문자 그대로 6일로 해석하는 것이 성경적입니다.

지구의 연대가 오래 되었다는 주장의 근거는 모원자와 자원자의 비율을 방사성동위원소 측정방법으로 나온 결과입니다. 지구나 달의 암석 연대를 측정하면 수억 년의 연대가 나온다는 것입니다. 그러나 오래된 연대를 과학적으로 보여 준다는 방사성동위원소 측정 결과는 실제로는 지층의 연대가 매우 젊으며, 과거 방사성 붕괴가 빨리 일어났기 때문이라는 것이 과학적으로 밝혀졌습니다(2005년 RATE 프로젝트). 즉, 자원자의 비율이 높은 것은 시간이 오래 되어서 그렇게 된 것이 아니라 과거 급속한 방사성 붕괴 때문이며, 짧은 연대를 추정하는 ^{14}C 동위원소 측정방법이나 다른 연대 추정방법을 통해 지층의 연대가 매우 젊다는 것이 밝혀진 것입니다.

> **RATE 프로젝트 주요 결과** 1) 짧은 연대를 측정하는 ^{14}C을 이용한 결과 진화론적으로 수억 년의 연대에 해당되는 지층의 나무 화석, 다이아몬드, 석탄 등이 모두 수만 년 이내로 측정됨. 2) 그랜드캐년 형성 이후 화산 폭발로 생긴 현무암의 연대(11억4천3백만 년)가 그랜드캐년 깊숙이 있는 화산 폭발로 생긴 현무암 연대(11억1천백만 년)보다 길게 나옴. 즉 긴 연대를 보여 주는 방사성동위원소 측정 결과는 연대를 나타내는 것이 아님. 3) 긴 연대를 측정하는 방사선동위원소 측정 결과들을 동일한 시료를 가지고 상호 비교한 결과 수억 년 이상의 연대 차이를 보이고(초기 조건을 보정한다는 isochron 기법으로 미국의 권위 있는 기관에서 수행한 것임), 암석에서 발견되는 Radiohalo 연구 결과 등을 종합할 때 과거 급격한 방사성 붕괴가 있었음. 4) 지르콘 내 헬륨량으로 지층의 연대를 계산하였을 때는 6천 년 정도로 추정되었음.

지구는 창조 후, 큰 변화를 겪었습니다. 아담의 범죄함으로 인해 피조 세계에 죽음이 들어오게 되었고, 노아 시대 대홍수로 인해 모든 육지가 완전히 물에 덮였고, 육지가 파괴되어 거대한 퇴적암이 형성되고, 대륙이 이동되면서 새로운 지형이 만들어졌습니다. 현재의 과학 기술로 추정할 수 없는 대 격변을 치른 지구를 지금과 과거 환경이 동일하다는 가정에서 추정하는 이론은 그 결과가 틀릴 수밖에 없습니다. 그럼에도 과학자들은 현재 관찰되고 있는 것을 기준으로 지구와 우주가 얼마나 오래 되었느냐를 정하려고 합니다. 그러나 과거의 격변은 이 모든 가정을 무효화하고 있습니다. 반면에 짧은 연대를 보여 주는 많은 과학적 증거들이 나타나고 있지만, 지구와 우주가 오래 되었다는 것을 기정사실화하고 있는 과학자들은 이런 증거들을 외면하고 있는 실정입니다.

주제 4 우주의 크기와 우주의 연대

성경은 지구와 우주의 나이가 결코 1만 년을 넘을 수 없다고 해석될 뿐 아니라 지구와 우주가 젊다는 많은 과학적 증거들이 있습니다. 우주의 질서도는 결코 오래된 우주를 나타내고 있지 않으며, 혜성도 100억 년이 넘는 우주에서는 존재할 수 없습니다. 토성의 아름다운 고리도 결코 오래 지속될 수 있는 것이 아닙니다. 태양도 영원히 존재할 수 있는 것이 아닙니다. 태양계가 오래 되었다면 과거 태양의 크기는 지금보다 상상하지 못할 정도로 커야 할 것입니다. 지구의 연대가 오래 되었다는 가장 타당한 근거로 여겨지던 방사성동위원소 측정방법도 사실은 실제 연대를 측정하는 것이 아니라 과거 방사성 붕괴가 급격히 일어난 것을 보여 주는 것에 불과하다는 것이 밝혀졌습니다. 지층과 화석의 형성이 대홍수의 격변에 의한 것이라는 수많은 증거들은 지구가 오래된 것이라는 주장들을 일축하고 있습니다. 그러나 연대 문제에서 가장 대답하기 힘든 것은 바로 우주가 수천 광년이 아니라 수십억 광년 이상의 크기를 갖고 있는 것을 어떻게 해석할 수 있느냐 하는 것입니다.

11. 하나님은 해, 달, 별들과 지구를 비추는 빛 중에 어느 것을 먼저 창조하셨나요?(창 1:3-5)

빅뱅이론에 의해 우주가 형성된 것을 믿는다면 우리가 수십억 광년 떨어진 별빛을 보고 있다는 것은 그 별로부터 출발한 빛이 수십억 광년이 지났다는 것을 의미하는 것입니다. 그러면 우주의 연대는 최소한 수십억 년 이상이라고 해석할 수밖에 없습니다. 별이 먼저 생기고 거기서 빛을 발하기 시작했다면 그렇게 되어야 할 것입니다. 그런데 성경은 별이 먼저 생긴 것이 아니라 빛이 먼저 생겼고, 별들은 나중에 그 빛들을 대신하게 되었다고 기록되어 있습니다(창 1:16-18). 또한 하나님께서 창조 넷째 날에 하늘의 궁창에 별들을 두어 땅에 비치게 하셨다(창 1:17)고 성경은 기록하고 있습니다. 즉 우주에 별들이 만들어진 순간부터 지구에서 볼 수 있도록 하셨다는 것입니다. 하나님께서 어떻게 그렇게 하셨는지는 과학적으로 알 수 없습니다. 과학적으로 설명할 수 없는 놀라운 우주이기 때문에 시편 기자는 주의 영광을 하늘 위에 두셨고(시 8:1), 하늘이 하나님의 영광을 선포한다고 고백하였습니다(시 19:1). 하나님이 하신 일이라면 우주의 크기와 우주의 연대는 아무런 관련이 없을 것입니다.

그러나 사람들은 성경 말씀보다 과학적인 상식을 더 믿는 것 같습니다. 우주가 빅뱅이론에 의해 형성된 것이 마치 증명된 사실처럼 생각합니다. 그러나 빅뱅이론은 이미 무너지고 있습니다. 우주를 연구하면 연구할수록 빅뱅이론으로는 설명할 수 없고, 도리어 빅뱅이론이 잘못된 것이라는 것을 보여 주는 과학적인 관찰이 증가하고 있기 때문입니다.

빅뱅이론은 우주의 확장을 설명하는 가장 매력적인 이론이지만 우주는 빅뱅이론처럼 대폭발에 의해 형성 되었다기보다 다른 방법으로 만들어졌을 가능성이 훨씬 높습니다. 대폭발의 구심점이 없으며, 은하계들이 변방에 흩어져 있는 형태로 있지도 않고 도리어 거대한 빈 공간과 벽들(은하단)이 반복되어 나타나는 형태로 되어 있습니다. 이런 구조는 지금의 긴 우주 연대로도 형성될 수 없는 구조입니다. 빅뱅이론 자체가 새로운 관찰에 의해 계속 변화되고 있습니다. 빅뱅이론도 많은 문제를 안고 있는 하나의 이론에 불과합니다. 빅뱅이론에 의하면 우주가 매우 오래 되어야 하지만, 실제로 우주는 놀라운 질서도를 유지하고 있습니다. 이런 질서도 자체가 우주가 오래 되지 않았다는 강력한 증거입니다. 만약 우주가 그렇게 폭발에 의한 것이고, 오래 되었다면 벌써 붕괴되었어야 합니다.

12. 하나님께서 하늘과 별들을 창조하신 것은 사람과 어떤 관련이 있나요?(사 45:18, 시 8:3-4, 19:1)

우주를 연구하는 과학자들은 멀리 떨어져 있는 은하계를 연구하면서 그 빛이 오래 전에 온 것이므로 우주 발생의 초기 상태를 알 수 있을 것이라고 한껏 기대에 부풀었습니다. 별을 관찰할 수 있는 기술이 발전하면서 더 먼 곳에 있는 별들, 즉, 대폭발이론(빅뱅이론)에 의해 처음 우주가 만들어지는 것을 관찰할 수 있으리라 기대한 것입니다. 그런데 과학자들이 먼 곳의 은하계를 관찰하면서 기대와는 달리, 은하계가 가까운 곳이나 먼 곳이나 유사한 질서도를 보이고, 기대했던 대폭발의 흔적은 찾을 수가 없었습니다. 먼 곳이나 가까운 곳의 은하가 비슷하다는 것은 비슷한 연대를 가졌다는 것을 의미하며, 우주의 크기와 우주의 연대가 상관없음을 잘 보여 주는 것입니다.

또한 우주를 연구하면서 더욱 놀라는 것은 우리 은하계가 우주의 중심이며, 우주 자체가 지구 생명체를 위해 정교하게 설계된 것처럼 보이는 것입니다(인간중심원리, anthropic principle). 생명체가 살도록 특별히 설계된 지구, 지구에 생명체가 살 수 있도록 정교하게 설계된 태양과 달의 역할, 유성과 운석으로부터 지구를 보호하는 목성과 토성 등 거대 행성의 역할 등은 정교하고 의도적인 설계가 아니라면 설명할 수 없습니다.

지구 외에 생명체가 존재한다고 생각하는 것도 진화론의 영향이 큽니다. 그러나 지구 외에 생명체가 존재한다는 어떤 과학적 근거도 없습니다. 물이 지구 외에도 존재한다는 것과 생명체가 존재한다는 것과는 아무런 관련이 없습니다. 생명체가 진화되어 우연히 생길 수 없다는 것을 분명히 알고, 지구에 생명체가 살기 위해서 엄청나게 잘 설계되었다는 과학적 지식이 있다면 외계 생명체에 대한 내용들은 비과학적인 상상력이나 조작에 의한 것이라는 것을 금방 판단할 수 있습니다. 과학자들은 지구와 비슷한 행성이 많을 것이라고 기대했지만 우주를 관찰할수록 지구와 비슷한 행성은 없다는 것이 분명해지고 있습니다.

지구와 우주의 연대를 오래된 것으로 생각하는 것과 성경의 말씀처럼 수천 년 밖에 되지 않았다고 생각하는 것은 이 세상을 살아가는 태도에 크게 영향을 미치게 됩니다. 우리 인류가 지구 창조 이후 수천 년의 역사만을 가지고 있으며, 그 안에 노아 시대 대홍수 심판도 경험하였다는 것을 인식한다면 예수님이 다시 오실 때도 멀지 않았음을 실감하게 됩니다. 불완전한 과학적 자료를 근거로 성경 말씀을 긴 연대에 맞춰 해석하는 것은 매우 위험한 일입니다. 과학은 지구와 우주의 연대에 대하여 확실한 답을 주기에는 너무나 수준이 낮습니다. 반면에 성경은 지구와 우주의 연대에 대하여 6일 창조주간과 창세기 족보를 통해 명확하게 보여 주고 있습니다.

13. 예수님은 인자(예수님)가 다시 오실 때(재림하실 때) 이 세상에 살고 있는 사람들의 믿음은 어떠할 것이라고 말씀하셨나요?(눅 18:8)

14. 예수님이 다시 오실 때 사람들의 반응은 어떠할까요? 또한 이에 대비한 그리스도인의 자세는 어떠해야 한다고 말씀하셨나요?(마 24:36-39, 42-46)

10과 | "하나님의 은혜, 성경과 과학"을 마치며

성경 말씀과 과학은 서로 다를 수가 없습니다. 그러나 성경을 해석하는 데 한계가 있고, 과학자들의 연구도 한계가 있기 때문에 서로 충돌되는 것처럼 보일 때도 있습니다. 그때는 겸손하게 성경 말씀을 바로 해석하고 있는지, 또는 과학 이론이 옳은 것인지를 함께 생각해야 합니다. 성경의 해석이 바르다면 과학 이론에 대하여 다시 점검해 봐야 할 것입니다. 진화론 교육을 통해 과학이 맞고 성경이 틀렸다는 것을 사람들에게 널리 교육시키고 있기 때문에 성경과 과학이 충돌하면 사람들은 우선 성경의 해석을 바꾸려고 노력합니다. 그러나 성경은 그 자체가 과학 수준보다 높다는 것을 보여 주고 있습니다. 과학적인 발견이 이뤄지기 수천 년 전부터 지구가 둥글며 허공에 떠있다는 것을 기록하고 있고, 그밖에도 공룡, 유전 정보, 지구과학 등 많은 내용들이 현대 과학의 지식과 일치하거나 앞선 정보를 제공하고 있습니다. 특별히 지구는 인간과 생명체가 살 수 있도록 특별히 설계되어 있고, 태양계와 우주 전체가 사람을 위해 지음 받았음을 과학적 증거들이 보여주고 있습니다.

지구와 우주가 얼마나 오래 되었는지 정확히 알 수 있는 과학적 방법은 없습니다. 그러나 성경은 분명하게 1만 년 미만의 짧은 연대를 말하고 있고, 과학적 증거들도 결코 오래 되지 않았다는 것으로 해석되어집니다. 우주의 크기와 우주의 연대는 전혀 상관이 없습니다. 도리어 젊은 우주에서 보여 주는 놀라운 우주의 크기는 하나님의 위대하심에 대한 증거일 뿐입니다. 하나님께서 우리에게 지성을 주셔서 지금과 같은 놀라운 과학 기술 문명을 이루게 해 주셨습니다. 이것은 하나님께서 우리에게 주신 은혜입니다. 우리에게 이런 은혜를 주신 것은 하나님께 영광을 올리고 사람들을 잘 섬기라고 하신 것입니다. 그러나 진화론과 같은 거짓된 과학 지식이나 연대 문제와 같은 정확하지 않은 과학 지식이 사람들로 하여금 하나님을 알게 하는 데, 또한 성경을 믿는 데 방해가 되고 있는 안타까운 현실입니다. 특별히 창조 이후 지금까지의 역사가 오래 되지 않았다는 것을 분명히 아는 것은 성경을 이해하고 주님의 재림을 깨어서 기다릴 수 있도록 할 것입니다.

보라 내가 속히 오리니 내가 줄 상이 내게 있어 각 사람에게 그가 행한 대로 갚아 주리라 나는 알파와 오메가요 처음과 마지막이요 시작과 마침이라 (계 22:12,13)

창조과학을 활용한 복음 증거의 실천

바울이 아테네(아덴)에 가서 본 것은 지금 시대처럼 우상으로 가득 찬 모습이었습니다. 바울이 이방인들에게 복음을 증거한 방식과 베드로나 스데반이 유대인에게 복음을 증거한 방식은 많이 달랐습니다. 베드로와 스데반은 예수님을 유대의 역사 속에서 바로 소개하였고, 마음에 찔림을 받은 유대인은 하루에 삼천이나 회개하거나(행 2:22-41) 반대로 돌로 쳐서 스데반을 죽였습니다(행 7:51-58). 그러나 바울이 복음을 증거하였을 때는 그런 극단적 반응이 나타나지 않았습니다(행 17:32). 그들은 유대인과 같은 메시야에 대한 사전 지식이 없었고, 예수님을 직접 목도하지도 않았기 때문입니다. 바울은 이런 사람들에게 예수님을 전하기 위해 창조주 하나님, 인간의 정체성(하나님의 자녀), 회개, 심판을 전하고, 마지막으로 예수님의 죽음과 부활의 증거를 전합니다(행 17:24-31).

지금 이 시대는 16세기 르네상스에서 외친 것처럼 그리스, 로마와 같은 인본주의 시대가 되었고, 성적 타락과 반 기독교적 세력이 창궐하고 있습니다. 그러나 하나님은 바로 이 시대에 그리스도의 복음을 땅 끝까지 전파하시는 일을 쉬지 않고 계십니다. 하나님을 대적하는 정신이 견고하고 높지만 하나님의 강력한 능력이 이를 파하고 그리스도에게 복종케 하실 것입니다(고후 10:4-6). 진화론, 인본주의, 포스트모더니즘, 반실재론, 자연주의철학 등을 무너뜨리는 것은 창조과학 지식이 아니라 하나님의 능력입니다.

창조과학 지식은 진화론이 과학으로 주장되고 있는 시대에 복음을 증거하는 데 활용될 수 있는 하나의 도구일 뿐입니다. 그러나 과학이 우상이 된 이 시대는 창조과학이 복음을 증거하기 위한 적절한 도구로 쓰임 받을 때인 것입니다. 복음을 증거할 때 하나님이 창조주이심을 바로 증거함으로써 인간의 정체성을 분명히 하고, 하나님 밖에 있는 영혼들을 예수님 안으로 돌아오게 하는 일의 중요성은 아무리 강조해도 지나치지 않습니다.

모든 것이 예수 그리스도에게 복종케 되며, 복종치 않는 것은 하나님의 진노의 심판으로 빠져 들 수밖에 없습니다. 하나님께서는 포기하지 않으시고 하나님께 순종하는 사람들을 통해 새로운 역사를 이루어 오셨고, 그 역사의 절정에 예수님의 온전한 순종, 즉 십자가의 죽음과 부활이 있습니다. 이제 역사는 예수님의 순종에 동참할 것인지, 그렇지 않을 것인지를 선택하는 일만이 남아 있습니다. 진화론이 과학적 사실로 사람들에게 교육되고 있는 이 시대에 창조과학이 하나님의 쓰임을 받아 복음을 증거하는 도구가 되길 소망합니다.

창조과학 복음 증거의 실천 (예)

1. 우주 만물은 저절로 만들어진 것이 아니라 하나님이 창조하셨다.
    - 진화론은 이미 증거가 전혀 없는 가설에 불과하다는 것이 밝혀졌고, 생명, 물질, 우주 모두 설계되었다는 것이 과학적으로 지지받고 있습니다.

2. 인간은 물질이나 동물도 아니며, 우연히 세상에 태어난 것도 아니다.
    - 하나님은 인간을 위대한 하나님의 형상으로 창조하셨고, 각자 모두 하나님이 뜻하신 독특하고 고귀한 삶의 목적이 있습니다.

3. 하나님을 잃어버린 인간은 하나님 대신 다른 것을 의지하거나 신으로 섬기고 있다. 그러나 하나님의 자녀로서 위대한 삶을 회복하지 않는 한 평안도 없고 진정한 기쁨도 없다.

4. 하나님은 죄 많은 이 세상을 그대로 두지 않으시고 과거 노아 시대 대홍수처럼 깨끗하게 정리하신다.
   - 성경에 기록된 노아 시대의 대홍수의 격변은 엄청난 퇴적암 지층 구조, 화석 등이 증명하고 있습니다.
   - 대홍수에서 방주에 탄 노아만 살아남았듯이 예수 그리스도를 믿어야만 마지막 심판의 때 멸망하지 않고 구원받습니다.

5. 예수님이 우리를 구원하기 위해 먼저 죽으셨고, 또한 우리도 그분처럼 부활하여 영원한 생명을 누리게 하기 위해 부활하셨다.
   - 예수님은 성경의 예언대로 오셨고, 예언대로 죽으셨고, 예언대로 부활하셨습니다. 예수님을 믿기만 하면 구원받는다는 것은 우리가 하나님의 자녀로 회복된다는 것을 의미합니다.

지도자 가이드북

이 책은 성경공부 형태로 그룹을 진행할 수 있습니다. 그룹으로 진행하는 경우에 리더들은 아래의 제언을 참고하시기 바랍니다.

리더를 위한 제언

리더의 역할

교재를 따라 진행한다 하더라도 리더는 자기 나름대로의 스타일로 준비하고 인도하게 됩니다. 하지만 모든 리더들이 준수해야 할 다음과 같은 필수 사항들이 있습니다.

1. 준비한 만큼 이뤄집니다.

교재에 대하여 성실히 사전 준비를 해야 함은 물론이거니와 리더 자신의 통찰력도 제공하고, 자신이 생각해 낸 질문도 추가할 수 있을 것입니다. 그러나 자신의 통찰이나 추가적인 질문이 정말 성경적인가, 사실인가 혹은 단순한 추론인가를 분명히 구분해야 할 것입니다. 사전 준비를 충분히 하지 않으면 진행하는 데 시간 관리가 되지 않으며, 그룹 모임이 단지 여러 가지 정보 나열에 지나지 않아 메시지를 명확하게 전달할 수 없게 됩니다. 성경과 과학을 다루는 일은 절대로 자만할 수 없습니다.

2. '목적'과 '핵심 사항'을 생각하면서 준비하십시오.

각 과마다 의도하는 바가 있습니다. 동일한 정보를 가지고도 각기 다른 주제를 이야기할 수 있으므로 각 과를 통하여 교재가 달성하고자 하는 스토리를 충분히 이해한 다음, 각각의 세항들을 본 과의 '목적'과 '핵심 사항'에 초점을 맞추어 진행해야 합니다. 각 세항들의 정보의 통합(integration)을 통하여 정보들의 단순한 합이 아니라 시너지(synergy)를 창출하여 전하고 증거하고자 하는 메시지의 맥을 따라가야 합니다. 이를 위해서 리더는 각 과의 스토리를 구상하고, 그 스토리를 이야기할(story telling) 수 있도록 준비해야 합니다.

3. 훈련생들을 위하여 기도하십시오.

우리는 우리의 모든 지혜와 지식을 동원하여 지도한다고 하지만 결국 진리의 길로 인도하시는 분은 성령 하나님이심을 잊어서는 안 될 것입니다.

4. 정해진 시각에 모임을 시작하십시오.

그러면 서로 다른 사람들의 시간도 존중할 수 있게 될 것입니다. 이를 위해 구성원 모두가 적절한 시간을 의논하여 정해야 할 것입니다.

사정에 따라 시간을 변경하면 더 좋을 경우가 발생할 수도 있음을 고려하여 매 모임 시마다 다음 모임 시간의 가용성을 체크하는 배려를 발휘하는 것이 좋습니다.

5. 매 모임이 제 시간에 끝내도록 하십시오.

리더가 구성원의 시간을 존중하고 있음을 보여 주십시오. 만약 추가로 나누고 싶은 내용이나 긴 설명을 요하는 질문이 있어서 시간을 넘겨야 한다면 일단 제 시간에 계획된 진도를 마침으로써 돌아가야 할 구성원들은 갈 수 있도록 상황을 배려한 다음에, 시간이 가능한 사람들만 별도로 모임을 계속하거나 다음으로 연기해야 할 것입니다. 정해진 시간이라면 얼마나 긴 시간이 적당할 것인가? 경험에 비추어 본다면 90분을 추천하고 싶습니다.

첫 모임을 위한 제언

첫 모임은 그룹 구성원들이 서로 간에 첫인상을 형성하게 됩니다. 그리스도의 사랑을 나누십시오.

1. 먼저 리더의 기도로 모임을 시작하십시오.

2. 한 그룹에 속한 분들이

처음부터 잘 아는 사이가 아니라면 서로에게 익숙하지 않아 다른 사람들에게 어떤 인상을 줄지 의식하게 될 수도 있습니다. 어떤 분들은 초조해 하기도 합니다. 새로운 경험은 우리로 약간의 근심을 갖게 하는 경향이 있습니다. 따라서 모든 이들이 편안하게 그리고 안락한 느낌을 가질 수 있도록 리더들이 노력해야 합니다.

3. 자신부터 소개

자신의 복음 사역에 대한 꿈과 신앙고백을 포함하여 서로 자신을 소개하고 이야기하는 기회를 가짐으로써 앞으로 주님 안에서 편안하게 이야기할 수 있을 것입니다. 이 시간을 통하여 각 조원들이 어떤 분야에 특별히 관심을 가지고 있고 달란트가 있는지를 파악할 수 있고 각자의 사정을 알 수 있을 것입니다.

4. 사랑의 기도

하나님께서 우리를 사랑하시므로, 우리가 하나님을 사랑하므로 모임 가운데 우리가 서로 사랑하며 서로를 위하여 기도할 수 있도록 기도하는 기회를 가지십시오. 이 기도는 소리 내어 하지 않아도 좋습니다. 소리 내어 기도하는 것을 부담스러워하는 사람도 있을 수 있습니다. 묵상으로 모임을 위하여 서로를 위하여 기도하는 것도 좋겠습니다.

5. 전체 일정과 과제

전체 일정과 과제 등에 대하여 시간 계획을 잘 수립하여 알차게 수행되도록 독려가 필요합니다. 창조과학회 훈련 과정을 하시는 분들의 경우에는 과제가 있습니다.

6. 과정별 시간 사용 계획

창조과학회 고급과정을 하시는 분은 발표 평가가 있습니다. 이 경우 모임을 계속하면서 미리 준비될 수 있도록 하고, 최종적으로 어떤 수준의 발표를 할 것인지를 염두에 두고 학습해 나갈 수 있도록 안내합니다. 학회의 공용 슬라이드를 충분히 이해할 수 있도록 하고, 발표 자체에 대한 훈련도 해야 합니다. 가급적, 학회의 공식 평가가 있기 전 발표를 미리 연습하고 서로 강평을 해 줌으로써 격려와 용기를 갖게 하며, 발표 능력을 향상시킬 수 있도록 시간 사용 계획을 수립하는 것이 좋습니다.

7. 교재의 진행 순서

교재의 '서문', '창조과학을 활용한 복음 증거의 실천'(160쪽)과 '목차' 등을 충분히 숙독하여 전 구성원들이 이 교재의 전체 내용과 의도, 정신을 이해하여, 이 교재 공부를 통하여 무엇을 하려고 하는지 완전히 이해하고 공부를 시작하도록 하십시오. 이러한 과정을 생략하고 첫 과부터 시작하면 전체적인 맥락을 놓칠 수 있습니다.

그룹모임의 기본 형식

1. 중요요점
- 중요요점은 리더가 구성원들에게 이 과를 통하여 통찰해야 할 요점을 어떻게 심어 줄 것인지 조언해 줍니다.

2. 기도(2분)
- 정시에 시작하십시오.
- 리더나 구성원 중에서 한 사람이 기도함으로 모임을 시작하십시오.
- 이 시간에는 개인적인 관심 사항들을 언급하는 일을 피하고, 학습을 위한 영적 준비에 중점을 두십시오. 묵상으로 함께 1분 정도 기도하고 한 사람이 짧게 기도하는 것도 좋습니다.

3. 도입(3분)
- 짧게 한 주간의 인사를 나누되, 서로를 잘 알아갈 수 있는 한 가지 화제를 준비하여 구성원 모두가 짤막하게 말할 기회를 갖습니다.

4. 복습(3분)
- 한 사람에게 지난 시간의 내용을 요약해 보게 하는 복습을 통하여

오늘 주제와 연결점을 제공합니다. 각 시간에 정리한 각 과의 목적과 핵심 사항을 미리 정리하고 이 부분이 복습되도록 해야 할 것입니다(미리 기록하게 하고 함께 읽는 것도 좋은 방법입니다).

5. 학습(60분)
- 만약 구성원들과 2시간을 계획하였다면 90분이 순수한 학습 시간이 될 것입니다. 경험에 의하면 학습 시간 90분으로 전체 2시간 정도가 바람직합니다.
- 60분(또는 90분)에 모든 과제를 해결해 나갈 수 있도록 리더는 사전에 강의시간 사용 계획을 잘 수립해 두어야 합니다. 특히, 첫모임은 서로 소개하고 친밀해지는 시간으로 잘 활용하여 첫 과 진도를 조정해 전체 일정을 잡아야 합니다.
- 구성원들이 반드시 예습을 해 와서 한 문제씩 돌아가며 읽고 해답을 제시하는 방식이 바람직합니다. 이미 일상에 지쳐있는 구성원들을 고려해 볼 때 리더의 강의 일변도는 가급적 피하고, 구성원들이 말하고 참여하는 기회를 많이 제공하십시오.
- 문제 앞의 핵심정리 사항은 함께 윤독하는 것이 좋습니다.
- 리더의 사적인 이야기로 시간이 지체되고 핵심에서 벗어나지 않도록 일단 전체적인 과제 위주로 간결하게 진행하십시오.

6. 핵심사항 정리(5분)

- 먼저 구성원들 가운데 자원자로 하여금 그 날의 핵심내용을 자신의 말로 정리하게 합니다.
- 다음으로 리더가 핵심사항을 정리하되, "오늘 과제의 '목적'이 무엇이었는데, 이러 이러한 증거들을 살펴보았더니 과연 이러한 것이다"라고 핵심 사항을 정리해 줍니다.

7. 질의 및 토의(5분)

- 구성원들로 하여금 질의 및 토의사항이 있는지 묻습니다.
- 제기된 사항이 다음 어느 과에서 논의될 것이라면 그 때 설명하기로 하고 넘어갑니다.
- 혹 긴 설명이 필요한 내용이라면 마치는 시간을 고려하여 넘지 않도록 잘 조절합니다. 자세한 설명은 다음 기회로 미루든가 별도의 시간을 갖도록 하고 전체 마치는 시간에 영향을 주지 않도록 유의하여야 합니다. 왜냐하면 구성원들의 시간을 존중해 주어야 하기 때문입니다.

8. 광고(3분)

- 다음 과의 소제목들을 읽고, 미리 예습해 올 것을 당부합니다.
- 다음 모임 시간에 모두 참여할 수 있는지 아니면 모두 참석이 가능한 새로운 시간 선정이 필요한지를 파악하고 논의합니다.

9. 기도(2분)

- 리더나 구성원 가운데 한 사람이 기도함으로써 모든 순서를 마치도록 합니다. 그러나 소리 내어 대표로 기도하는 것에 불편을 느끼는 사람이 없는지 민감하게 배려하십시오. 함께 공부한 내용이 삶 속에서 적용될 수 있도록 기도하십시오.

10. 교제 및 기도 나눔(7분)

- 구성원들 간에 개인적인 교제는 기도 제목을 나눔으로써 가능해집니다. 식사 교제를 함께 하실 경우라면, 식사 교제 시간을 기도 제목을 나누는 시간으로 활용하실 수 있을 것입니다. 이렇게 나눠진 기도제목들은 합심하여 함께 기도하고, 한 분이 대표 기도하므로 전체 모임을 마무리하실 수도 있을 것입니다.

과학이 성경으로 열린다

01 견고한 진 파하기

> **중요요점**
>
> 1. **교회에서 과학을 다루는 이유** : 과학이 하나님께 영광을 돌려야 하고, 과학의 이름으로 진화론이 성경의 진리를 공격하는 것을 효과적으로 방어하기 위해
> 2. **창조과학의 역할** : 성경의 진리를 공격하는 진화론의 오류를 드러내고, 성경의 역사적 기록들을 입증하는 과학적 증거들을 통해 성경 말씀의 권위를 세움
> 3. **진화론만이 일방적으로 교육되고 있는 현실과 그 이유** : 500여 년에 걸친 인본주의의 견고한 토대 위에 세워진 이론이며, 다른 대안이 없기 때문
> 4. **진화론을 무너뜨리는 것**은 과학적인 이론만으로 되는 것이 아니라 영적 전투이기 때문에 견고한 진을 무너뜨리는 하나님의 능력으로 가능하며, 능력의 통로가 될 사람이 세워져야 함

1. 세상
    - 하나님이 세상을 이처럼 사랑하사 독생자(獨生子)를 주셨으니 이는 그를 믿는 자마다 멸망치 않고 영생을 얻게 하려 하심이니라 (요 3:16)

2. 대답할 것을 항상 예비하라
    - 너희 마음에 그리스도를 주로 삼아 거룩하게 하고 너희 속에 있는 소망에 관한 이유를 묻는 자에게는 대답할 것을 항상 준비하되 온유와 두려움으로 하고(벧전 3:15)

3. 하나님의 능력과 신성이 자연 만물에 분명히 보여 알게 된다는 것은 과학이라는 방법을 통해서도 하나님의 능력과 신성을 보일 수 있다는 것이므로 과학적 증거들이 성경의 진리(즉, 하나님의 창조)를 지지한다는 것은 성경적인 해석입니다.

    진화론의 거짓됨을 알고, 이 세계를 바라보면 그 지으신 분의 영원하신 능력과 신성을 분명히 알 수밖에 없습니다(롬 1:20). 이것은 위대한 조각가의 조각품을 보면 조각가의 위대함을 알게 되는 것과 마찬가지입니다. 그러나 조각품만을 볼 뿐 조각가를 만나지 않는다면 조각가와 개인적인 친밀함은 생기지 않듯이 하나님의 위대한 작품만을 보고 구원을 받을 수는 없습니다.

    하나님의 피조 세계를 통해 하나님을 알게 하시는 것은 구원의 길을 열어 주신 것이 아니라 죄인들이 핑계할 수 없다는 것을 보여 주신 것입니다. 구원은 하나님과의 친밀한 관계가 회복되는 것이며, 오직 예수 그리스도를 통해서만 이뤄집니다(행 2:21, 4:12). 그렇기 때문에 아무도 하나님의 심판대 앞에서 핑계할 수 없는 것입니다. 하나님이 창조하신 지구 위에 살고, 하나님이 공급하신 음식, 물, 공기로 생명을 유지하는 그런 인간 자신도 하나님이 창조하셨는데 그 창조주 하나님을 몰랐다고 핑계할 수 없는 것입니다.
- 창세로부터 그의 보이지 아니하는 것들 곧 그의 영원하신 능력과 신성이 그가 만드신 만물에 분명히 보여 알려졌나니 그러므로 그들이 핑계하지 못할지니라(롬 1:20)

4. 죄의 시작은 창조주 하나님을 알면서도 하나님께 영광을 돌리지 않고, 감사하지도 않게 되고 생각이 허망해지는 것. 죄가 진행되면 우상 숭배, 성적 범죄 등으로 확대되고, 점차 죄가 깊어지다가 최종적으로는 자신들이 (죄를) 행할 뿐 아니라 또한 그 일을 행하는 자를 옳다고 함(롬 1:18-32).

5. 하나님이 창조주이심을 알고 인정하는 것
- 이르되 여러분이여 어찌하여 이러한 일을 하느냐 우리도 여러분과 같은 성정을 가진 사람이라 여러분에게 복음을 전하는 것은 이런 헛된 일을 버리고 천지와 바다와 그 가운데 만물을 지으시고 살아 계신 하나님께로 돌아오게 함이라(행 14:15)

6. 하나님 앞에서 견고한 진, 하나님 아는 것을 대적하여 높아진 것
- 우리의 싸우는 무기는 육신에 속한 것이 아니요 오직 어떤 견고한 진도 무너뜨리는 하나님의 능력이라 모든 이론을 무너뜨리며 5 하나님 아는 것을 대적하여 높아진 것을 다 무너뜨리고 모든 생각을 사로잡아 그리스도에게 복종하게 하니(고후 10:4-5)

하나님의 전능하심을 고백하는 그리스도인들 중에는 세상 가운데서 일어나는 영적 전쟁을 무시하는 잘못을 범하기도 합니다. 이미 십자가에서 승리한 예수님이 계시기 때문에 우리는 승리할 수밖에 없다는 것입니다. 말은 맞는 말이지만 고난 없는 승리는 없습니다. 바울이 예수님의 남은 고난을 자신의 몸에 채우는 것처럼 영적 전쟁은 쉬운 일이 아닙니다. '견고한 진(개역성경)' 또는 '강한 요새(쉬운성경)'라고 표현되어 있습니다. 이런 영적 전쟁을 결코 우리의 힘으로 할 수 없으며 철저하게 예수님께 순종해야 합니다. 가장 큰 전쟁은 나 자신을 예수님께 온전히 순종하는 것인지도 모릅니다.

세상 가운데 분명히 하나님을 대적하는 세력이 존재합니다. 인본주의, 진화론과 같은 사상뿐 아니라 조직화된 전쟁, 폭력, 살인 등의 형태로도 존재합니다. 많은 사람들이 당연한 것으로 여기는 어떤 것들이 하나님을 대적하고 있다면 이런 것을 무너뜨리는 것이 얼마나 어려운지 이해해야 합니다. 동시에 하나님의 능력만이 이런 견고한 진을 무너뜨릴 수 있음을 알아야 합니다.

7. 하나님의 강력(능력)

진화론의 오류를 드러내는 지식이 진화론을 무너뜨릴 수 없다는 것을 알아야 합니다. 창조과학을 통해 단순히 지식만을 얻는다면 진화론의 영향력에서 자신을 지킬 수 있을지는 모르지만 다른 사람을 변화시킬 수는 없습니다. 지식도 중요하지만 견고한 진을 무너뜨리는 것은 오직 하나님의 능력이라는 것을 알고, 하나님의 능력이 나타날 수 있도록 자신이 통로의 역할을 해야 하는 것입니다.

8. 모든 이론, 높아진 것, 모든 생각을 다 그리스도에게 복종시키는 것

　　세상 가운데 하나님을 대적하는 것이 존재하는 이유는 하나님을 선택할 것인지 아닌지를 분명하게 하기 위해서입니다. 일시적으로 승리하는 것처럼 보이는 세상의 사상들은 결국 모두 무너지게 되어 있습니다. 예수님만이 영원히 높이 계실 것입니다. 우리가 영원한 것을 선택할 것인지 아니면 일시적이고 없어질 것을 선택할 것인지 분명히 해야 할 것입니다.

과학이 성경으로 열린다

02 성경과 배치되는 진화론

중요요점

1. 성경은 하나님의 말씀으로 스스로 그 권위가 있음을 증명하고 있음
2. 인간의 이성과 과학을 중시하는 인본주의 시대에 성경을 사람의 생각에 맞춰 해석하는 자유주의 신학이 등장하고, 진화론을 인정하기 위해 창세기를 신화로 해석하게 됨
3. 성경과 진화론은 서로 조화될 수 없으며, 과학이 발전할수록 진화론의 오류는 분명해지고, 성경의 기록과 과학적 증거가 조화됨을 알 수 있음

1. 성경은 폐할 수 없으며(예수님 말씀), 하나님의 감동으로 기록된 책입니다(여기서 성경은 구약을 가리키나 신구약 성경 모두가 하나님의 감동으로 된 것이다).
   - 성경은 폐하지 못하나니 하나님의 말씀을 받은 사람들을 신이라 하셨거든(요 10:35)
   - 모든 성경은 하나님의 감동으로 된 것으로 교훈과 책망과 바르게 함과 의로 교육하기에 유익하니(딤후 3:16)

신구약 66권이 정해진 과정이 겉으로는 사람들이 모여 정한 것 같지만(AD 93년 경 얌니아(Jamnia)회의를 통해 구약 39권, AD 397년 카르타고 종교회의 등에서 신약 27권이 정해짐), 하나님의 말씀을 사람들에게 바르게 전하기 위해 당연히 하나님의 섭리가 개입되었습니다. 하나님께서 우리에게 성경을 통해 계시해 주시는데 어떤 것이 바른 성경인지를 정하는 데 개입하지 않으실 수 없습니다. 이 성경은 역사적으로 정통성이 수백 년간 인정되었고, 종교개혁의 과정에서도 그 정통성이 계승된 것입니다.

하나님께서는 성경을 사람을 통해 기록하게 하심으로 그 시대 필요한 말씀을 주셨을 뿐 아니라 사람의 능력만으로는 기록할 수 없는 놀라운 과학적 내용과 예언들이 담겨져 있습니다. 동시에 성경의 원전이 없이 사본만이 있게 하신 것은 성경의 원전이 우상이 될 것을 염려하셔서 그렇게 하신 것이 아닌가 하고 신학자들은 추측합니다. 성경이 사본만이 있고, 번역하는 과정에서 오류가 있을 수 있기 때문에 우리가 현재 보고 있는 성경은 완벽한 것이 아닙니다. 그러나 하나님께서는 바로 이런 성경을 통해 우리에게 자신을 충분히 계시하고 계십니다. 성경의 완벽성에 의지하시는 것이 아니라(충분히 우리에게는 완벽하지만) 성경을 통해 만나는 하나님이 완벽하시기 때문이며, 성령 하나님께서 우리와 함께하셔서 성경을 해석해 주시기 때문입니다.

혹시 성경을 읽으면서 모순되어 보이거나 이해가 되지 않는 부분을 이미 많은 신학자와 신실한 그리스도인들이 충분히 설명하고 있습니다. 성경을 깊이 알아갈수록 성경의 저자이신 하나님과 깊이 만나게 됩니다.

2. 태초에 하나님이 천지를 창조하시니라

3. 예수님의 재림이 없을 것이라고, 재림의 약속을 부인하는 근거는 과거에 그런 일이 없었다는 것입니다. 과거에 없었기 때문에 미래에도 없을 것이라는 주장입니다. 자신들의 관찰과 경험과 생각이 근거가 되어 예수님의 재림을 조롱하고 있는 것입니다. 말씀을 거부하는 이유는 '자신의 정욕을 좇아 행하기' 때문입니다. 그 결과는 '심판'입니다. 베드로 사도는 예수님의 재림을 거부하는 사람들의 불신앙은 창세기에 기록된 하나님의 창조 사건(물에서 땅이 드러나는)을 부인하는 것이고, 하나님의 창조 사건을 부인하기 때문에 물로 심판을 당하였는데 앞으로도 사람들의 그 불신앙은 불의 심판을 받을 것이라고 경고하고 있습니다.

약속을 부인하는 근거는 '자신들이 관찰한 바로는 만물이 처음 창조하였을 때나 지금이나 변화가 없으니'(벧후 3:4)라는 것입니다.

- 먼저 이것을 알지니 말세에 조롱하는 자들이 와서 자기의 정욕을 따라 행하며 조롱하여 4 이르되 주께서 강림하신다는 약속이 어디 있느냐 조상들이 잔 후로부터 만물이 처음 창조될 때와 같이 그냥 있다 하니 5 이는 하늘이 옛적부터 있는 것과 땅이 물에서 나와 물로 성립된 것도 하나님의 말씀으로 된 것을 그들이 일부러 잊으려 함이로다 6 이로 말미암아 그 때에 세상은 물이 넘침으로 멸망하였으되 7 이제 하늘과 땅은 그 동일한 말씀으로 불사르기 위하여 보호하신 바 되어 경건하지 아니한 사람들의 심판과 멸망의 날까지

보존하여 두신 것이니라(벧후 3:3-7)

4. 진화의 결정적 증거가 사라진 것은 사람들에게 잘 알려지지도 않았습니다. 마치 신문에서 범죄자로 의심받아 크게 떠들썩하다가 진범이 밝혀졌다고 해서 그 사람의 결백을 신문에서 대서특필하지 않는 것과 마찬가지입니다.

가짜 증거였지만 필트다운인은 20세기 중반까지 진화의 증거가 확실히 존재한다는 생각을 사람들로 하여금 갖게 하였기 때문에 지금도 진화론이 이미 과학적인 증거를 다 갖추고 있는 것으로 생각하는 사람들이 많습니다. 또한 1912년부터 1962년의 20세기 초반과 중반은 과학 기술의 발전이 인류 문명에게 큰 영향을 준 시대였고, 이때 진화론은 완전하게 과학적 증거가 있는 것으로 여겨졌던 것입니다. 따라서 그 시대 살았던 많은 위대한 신학자, 그리스도인들은 진화론을 인정하지 않을 수 없었고, 그들의 영향을 받고 있는 지금의 신학자들과 그리스도인들도 진화론을 인정하고 있는 것입니다.

5. 유신론적 진화론

6. 다섯째 날 : 물 속의 생물(수룡 포함), 날아다니는 생물(익룡, 박쥐 등 포함) 등이 창조됨.
여섯째 날 : 육축, 기는 것(양서류, 파충류 포함), 짐승(육상 공룡 포함), 사람 등이 창조됨.

기간은 이틀밖에 안 걸렸고, 순서도 진화론과 전혀 다릅니다. 진화론은 어류 ➡ 파충류 ➡ 양서류 ➡ 조류 ➡ 포유류의 순서를 주장하지만 성경에는 어류와 조류가 같은 날에 창조되었고, 다음날 포유류, 양서류, 파충류, 사람을 창조하셨다고 기록하고 있습니다. 또한 고래와 같은 포유류는 다섯째 날 어류와 함께 창조되었고, 박쥐와 같은 날아다니는 포유류는 조류와 함께 창조되었습니다.

사람들은 어류, 포유류를 구별하지만, 하나님께서 창조하실 때는 물 속에 사는 것은 그에 맞게, 하늘을 나는 것 또한 그에 맞게 각각 창조하신 것입니다. 어떻게 하루에 그 많은 것들을 창조하실 수 있을까 의심을 하는 사람도 있지만, 도리어 하나님께서 하루나 걸려서 창조하셨다는 것이 신기한 것입니다. 하나님께서는 창조의 계획을 이미 갖고 계셨고, 하루 하루 하나님의 계획에 따라 질서대로 창조하셨고, 6일간의 창조와 하루 안식을 통해 일과 쉼의 질서도 만드신 것입니다. 하나님의 창조는 진화론과 전혀 조화될 수 없습니다.

7. 다섯 가지 중요 요소는 1) 만유를 지으신 창조주 하나님, 2) 신(하나님)의 자녀(인간의 정체성), 3) 회개(우상 숭배에서 하나님께로 돌아오라), 4) 공의로 심판, 5) 예수님의 죽음과 부활의 증거 등입니다.

모든 것의 주인이시며 한 분뿐인 하나님이 계시며, 인간은 그분의 자녀로서 살아야 하는데 그렇지 못하기 때문에 회개하고 하나님께로 돌아가야 한다는 것입니다. 회개하지 않으면 심판에 빠질 수밖에 없는데, 회개하고 하나님께로 돌아가기 위해서는 예수님을 믿어야 하는 것을 전해야 합니다. 예수님의 십자가를 통해 우리의 죄가 사해지고, 부활의 능력으로 우리도 다시 살아서 하나님과의 관계가 회복되어야 한다는 것입니다.

- 우주와 그 가운데 있는 만물을 지으신 하나님께서는 천지의 주재시니 손으로 지은 전에 계시지 아니하시고 25 또 무엇이 부족한 것처럼 사람의 손으로 섬김을 받으시는 것이 아니니 이는 만민에게 생명과 호흡과 만물을 친히 주시는 이심이라 26 인류의 모든 족속을 한 혈통으로 만드사 온 땅에 살게 하시고 그들의 연대를 정하시며 거주의 경계를 한정하셨으니 27 이는 사람으로 혹 하나님을 더듬어 찾아 발견하게 하려 하심이로되 그는 우리 각 사람에게서 멀리 계시지 아니하도다 28 우리가 그를 힘입어 살며 기동하며 존재하느니라 너희 시인 중 어떤 사람들의 말과 같이 우리가 그의 소생이라 하니 29 이와 같이 하나님의 소생이 되었은즉 하나님을 금이나 은이나 돌에다 사람의 기술과 고안으로 새긴 것들과 같이 여길 것이 아니니라 30 알지 못하던 시대에는 하나님이 간과하셨거니와 이제는 어디든지 사람에게 다 명하사 회개하라 하셨으니 31 이는 정하신 사람으로 하여금 천하를 공의로 심판할 날을 작정하시고 이에 그를 죽은 자 가운데서 다시 살리신 것으로 모든 사람에게 믿을 만한 증거를 주셨음이니라 하니라(행 17:24-31)

8. 진화론은 1) 만유를 지으신 창조주 하나님 대신에 진화되었다고 주장함으로써 하나님이 없다고 주장합니다.

2) 신(하나님)의 자녀라는 인간의 정체성 대신에 인간은 물질, 동물에 불과하다고 주장함으로써 인간 존재의 진정한 의미를 상실하게 만듭니다.

3) 우상 숭배에서 회개하고 돌아와야 하는데 과학과 기술이 우상이 되어 하나님의 창조 대신에 진화를 가르치고, 인류의 문제가 모두 과학과 기술로 해결될 것처럼 생각하게 만듭니다.

4) 공의로 심판한다고 하셨는데, 진화론은 창세기의 노아 시대 대홍수 사건을 신화로 취급하게 하였고, 진화론자들은 지층과 화석을 진화의 증거로 주장함으로써 대홍수 심판이 과거에 있었다는 것을 부인하고 있습니다.

5) 따라서 초월적인 것을 부정하는 진화론에서 예수님의 죽음과 부활은 사실이 아닌 종교적 허구에 불과하다고 주장하는 것입니다.

과학이 성경으로 열린다

03 창조주 하나님의 영광

중요요점

1. 하나님께 경배와 찬양을 올리는 중요한 이유는 그 분이 창조주이시기 때문임
2. 하나님이 만드신 세계에 하나님의 신성과 능력이 드러나 있으며, 놀라운 설계의 증거들을 볼 수 있음(지적설계이론도 등장함)
3. 인간은 하나님께 영광을 올리기 위해 창조되었음

1. 하나님이 창조주이시고, 그분의 뜻대로 되었기 때문에 영광과 존귀와 능력을 받으시는 것이 합당하다고 경배함.

　하나님을 경배하는 것을 약간은 불경스러운 표현으로 바꾸면 하나님을 칭찬하는 것이라고 할 수 있습니다. 우리가 하나님에 대하여 칭찬할 수 있는 것은 그분의 성품, 그분의 사랑 등 많은 것이 있겠지만, 그 중에서도 하나님이 창조하신 위대한 것들은 그분의 작품이기 때문에 그 작품을 보면서 칭찬하지 않을 수 없는 것입니다. 우리는 권력자들에게 합당하지 않은 칭찬을 할 때 아부한다고 합니다. 그러나 우리는 하나님의 피조 세계에서 살면서 마땅히 하나님께 돌려야 할 칭찬을 하지 않습니다. 24 장로는 하나님께서 만물을 창조하셨으므로 영광과 존귀와 능력을 받으시는 것이 합당하다고 고백합니다.

- 이십사 장로들이 보좌에 앉으신 이 앞에 엎드려 세세토록 살아 계시는 이에게 경배하고 자기의 관을 보좌 앞에 드리며 이르되 11 우리 주 하나님이여 영광과 존귀와 권능을 받으시는 것이 합당하오니 주께서 만물을 지으신지라 만물이 주의 뜻대로 있었고 또 지으심을 받았나이다 하더라(계 4:10-11)

2. 예수님은 창조주 하나님이시고, 예수님을 통해 창조되었고, 또한 예수님을 위해 창조되었습니다. 삼위일체 하나님께서 만물을 창조하셨고, 당연히 성자 하나님이신 예수님도 창조 사역에 동참하셨습니다.

- 만물이 그로 말미암아 지은 바 되었으니 지은 것이 하나도 그가 없이는 된 것이 없느니라(요 1:3)
- 그는 보이지 아니하는 하나님의 형상이시요 모든 피조물보다 먼저 나신 이시니 16 만물이 그에게서 창조되되 하늘과 땅에서 보이는 것들과 보이지 않는 것들과 혹은 왕권들이나 주권들이나 통치자들이나 권세들이나 만물이 다 그로 말미암고 그를 위하여 창조되었고(골 1:15-16)

3. 세상이 창조된 것은 믿음으로 알 수 있고, 존재하는 근본 원인은 나

타난 것(보이는 것)이 아니라 나타나지 않은 것입니다. 여기서 믿음이라는 것은 우리가 믿어 주는 것이 아니라 진리를 붙잡는 길이 믿음이라는 것입니다. 창조의 동력은 보이는 물질 세계를 연구해서 알 수 있는 것이 아니라 보이지 않는 하나님의 말씀이라는 것을 믿음으로 알 수 있다는 것입니다. 물질 세계를 열심히 연구한 물리학자들은 물질을 아무리 연구해도 그 안에는 물질 세계를 설명할 수 있는 것이 없다는 것을 알게 되었습니다. 나타난 것(물질 세계)이 보이는 것(물질)에 의해 된 것이 아니라는 것을 과학자들도 이제 알게 되었습니다. 그러나 하나님의 말씀으로 창조되었다는 것을 물질만을 연구해서는 알 수 없습니다. 오직 믿음으로 알 수 있는 것입니다. 예수님을 믿으면 구원받을 수 있는 것도 믿음으로만 영적 진리를 붙잡을 수 있기 때문입니다.

- 믿음으로 모든 세계가 하나님의 말씀으로 지어진 줄을 우리가 아나니 보이는 것은 나타난 것으로 말미암아 된 것이 아니니라(히 11:3)

4. 진화를 진리로 생각한다. 왜냐하면 창조는 종교적 주장에 불과하고 진화는 과학적 이론이라고 생각하기 때문입니다.

과학적이고 이성적인 것만이 옳다는 인본주의 시대의 정신이 지금도 세상을 지배하고 있습니다. 비과학적이고, 미신적인 것을 인정하는 것은 옳지 않지만 물질로 설명할 수 없는 초월적인 세계가 있는 것을 부정하는 것도 옳지 않습니다. 세상은 종교를 모두 비슷한 것이라고 취급하고, 기독교의 진리를 단순한 종교적 주장일 뿐이라고 폄하합니다.

5. 하나님의 능력과 신성

　　즉 하나님의 솜씨가 피조 세계에 드러나 있습니다.
- 창세로부터 그의 보이지 아니하는 것들 곧 그의 영원하신 능력과 신성이 그가 만드신 만물에 분명히 보여 알려졌나니 그러므로 그들이 핑계하지 못할지니라(롬 1:20)

6. 네 명의 미국 대통령 얼굴이 러쉬모아 산에 조각되어 있는 것

　　소연평도의 바위 얼굴은 우연히 생겼을 것 같다고 생각하는 것은 정교하지 않기 때문이고, 또한 그런 식의 바위 얼굴 형성은 다른 곳에서도 볼 수 있기 때문에 설계된 것으로 생각하지 않을 것입니다. 그러나 미국 대통령 얼굴처럼 정교한 형태의 바위 얼굴은 다른 곳에서 볼 수 없기 때문에 사람이 의도적으로 만든 것이라는 것을 쉽게 알 수 있습니다. 이것을 지적설계이론의 두 가지 방법론 중 하나인 '확률과 패턴 이론'으로 정교하게 학문적으로 설명할 수 있습니다. 그러나 사실 직관적으로 알 수 있는 것을 복잡하게 설명하는 것뿐입니다.

7. 하나님의 창조 이유는 사람으로 이 세상에 살게 하기 위한 것입니다.

　　다시 말해 사람 때문에 이 모든 만물을 창조하신 것입니다. 하나님의 창조를 기뻐하고 즐거워하고, 하나님께 경배드리고 교제하는 사

람이 살기를 원하셨기 때문에 사람이 거주하기에 알맞도록 질서 있게 창조하신 것입니다.

- 대저 여호와께서 이같이 말씀하시되 하늘을 창조하신 이 그는 하나님이시니 그가 땅을 지으시고 그것을 만드셨으며 그것을 견고하게 하시되 혼돈하게 창조하지 아니하시고 사람이 거주하게 그것을 지으셨으니 나는 여호와라 나 외에 다른 이가 없느니라(사 45:18)

8. 사람은 영화와 존귀로 관이 씌어졌고, 주의 손으로 만드신 것을 다스리는 존재이며, 하나님의 자녀라고 기록되어 있습니다.

시편 8편 5절에 '천사'(개역한글판)라고 번역되어 있는 것은 '하나님'으로 번역되는 것이 맞습니다(개역개정은 '하나님'으로 되었음). 사람은 하나님이 창조하신 놀라운 존재입니다. 하나님은 사람을 하나님처럼 자유로운 존재로 창조하셨기 때문에 인간은 하나님을 닮아가는 거룩한 존재일 수도 있고, 사단을 닮아가는 악한 존재가 될 수도 있는 것입니다. 하나님의 피조물 중에 하나님의 자녀가 되는 특별한 존재는 사람밖에 없습니다.

- 그를 하나님보다 조금 못하게 하시고 영화와 존귀로 관을 씌우셨나이다 6 주의 손으로 만드신 것을 다스리게 하시고 만물을 그의 발 아래 두셨으니(시 8:5-6)
- 전에 그들에게 이르기를 너희는 내 백성이 아니라 한 그 곳에서 그들에게 이르기를 너희는 살아 계신 하나님의 아들들이라 할 것이라(호 1:10 b)

- 너희가 아들이므로…(갈 4:6)

9. 사단이 자기 것처럼 주장함

　이 땅을 다스리도록 삼위일체 하나님께서 인간을 창조하셨기 때문에 인간은 하나님으로부터 통치권을 위임받은 것입니다. 그런데 위임 통치권을 사단이 자기 것처럼 주장하는 것은 인간의 범죄함 때문입니다. 이것은 마치 회장님으로부터 회사 운영을 위임받는 사장님이 부정을 저질러서 부하 직원에게 약점을 잡힌 것과 비슷합니다. 부하 직원에게 약점을 잡힌 사장님은 자신의 뜻대로 하지 못하고, 약점을 잡은 사람의 뜻대로 의사결정을 하게 될 것입니다. 마찬가지로 범죄 한 인간은 하나님과의 관계가 소홀해지면서 사단의 유혹, 핍박, 협박에 쉽게 굴복하게 되었습니다. 인간의 수치심, 교만, 두려움 등은 사단이 자신의 뜻대로 사람들을 조정하는 중요한 도구입니다. 수천 년 동안 사단은 자기 뜻대로 사람들을 조정하여 왔습니다. 세상의 통치권을 마치 사단이 가진 것처럼 되었습니다. 사단이 얼마나 자신만만하면 세상의 창조지이신 예수님께 자신을 경배하라고 하고, 경배하면 자신이 넘겨받는 권리를 줄 수 있다고 유혹하기도 할까요?

- 이르되 이 모든 권위와 그 영광을 내가 네게 주리라 이것은 내게 넘겨 준 것이므로 내가 원하는 자에게 주노라(눅 4:6)

　예수님께서 인간으로 세상에 오셔야 할 수많은 이유가 있지만 그 중에 하나가 바로 이 위임 통치권 문제입니다. 사단이 자기 것처럼 주장하는 위임 통치권을 사람이 아닌 하나님이 다시 찾는다면 사단은 하나님께 당신이 창조한 인간은 실패한 것이라고 조롱할 것입니다. 하나님은 결코 실패하실 수 없습니다. 예수님은 완전한 인간이 되셔서 십자가의 죽음과 부활을 통해 창조 때부터 사람에게 위임된 위임 통치권, 사단이 사람을 조정해서 자기 것처럼 행사했던 그 권한을 사람이 다시 행사할 수 있도록 하신 것입니다. 그러기 위해서는 인간의 죄 문제가 해결되어야 합니다. 즉, 십자가를 통해 인간의 죄에 대한 값이 치러졌기 때문에 이제 더 이상 사단은 인간의 죄를 기회로 인간을 유혹, 협박할 수 없게 된 것입니다. 그러나 아직도 많은 사람들이 사단에게 속아서 있지도 않은 사단의 권세에 굴복하고 있습니다.

10. 하늘의 권세는 성부 하나님께서 예수님께 위임한 것이고, 땅의 권세는 원래 하나님께서 사람에게 위임하신 권세인데, 사람의 범죄함으로 사단에게 빌미가 잡혀 행사하지 못하게 된 것을 예수님의 십자가 대속을 통하여 회복하신 권세입니다.

　　땅의 권세를 다시 찾으신 예수님은 우리에게 모든 족속을 제자삼고, 세례주고, 가르쳐 지키게 하라고 말씀하셨습니다. 우리가 예수님을 통해 땅의 권세를 사용할 수 있게 된 것입니다. 예수님의 십자가와 부활을 통해 우리는 그리스도 안에서 창조 때의 신분으로 회복되어 이 땅을 다스리는 왕과 같은 존재, 청지기와 같은 역할을 감당할 수 있게 된 것입니다. 구원을 받은 것은 법적으로 그런 권세를 행할 수 있는 권한이 부여된 것과 같습니다. 그러나 법적인 권한이 있는 것과 실제로 그 법적인 권한을 행사하는 것은 차이가 있습니다. 그 권한을 행사하는 것이 바로 구원받은 우리가 해야 하는 것이며, 그리스도 안에서 성령님의 능력으로 행해야 하는 것입니다. 복음은 바로 인간의 정체성을 회복시켜 주는 하나님의 능력인 것입니다.

- 예수께서 나아와 말씀하여 이르시되 하늘과 땅의 모든 권세를 내게 주셨으니 [19] 그러므로 너희는 가서 모든 민족을 제자로 삼아 아버지와 아들과 성령의 이름으로 세례를 베풀고 [20] 내가 너희에게 분부한 모든 것을 가르쳐 지키게 하라 볼지어다 내가 세상 끝날까지 너희와 항상 함께 있으리라 하시니라(마 28:18~20)

과학이 성경으로 열린다

04 하나님의 형상, 사람

> **중요요점**
>
> 1. '인간이 물질과 동물에 불과하다'는 진화론 개념을 타파하고, 성경을 통해 인간의 정체성을 분명히 알고, 복음을 통해 실제로 회복시켜야 함
> 2. 인간의 조상이 있다는 진화론의 거짓 증거를 알아 인류 역사에 끼친 진화론의 해악이 사라질 수 있도록 그리스도인들이 계속 노력해야 함
> 3. 인간의 다양성은 진화에 의한 것이 아니라 하나님의 창조 질서이며, 다양성은 각자 독특한 창조 목적을 가졌기 때문임을 알아야 함

1. 진화론은 인간을 특별한 존재가 아닌 자연의 일부일 뿐이며, 자연선택이라는 진화 과정을 통해 출현했다고 설명합니다. 그렇기 때문에 진화론과 인본주의에서는 인간과 자연의 관계에서 인간보다 자연이 더 우선하게 됩니다. 자연이 신과 같은 존재이기 때문입니다. 그렇기 때문에 진화론적 가치관을 갖고 있는 환경보호론자들은 인간을 한낱 자연을 파괴하는 기생충과 같은 존재라고 생각합니다.

2. 인간의 정체성을 손상시키는 것은 십계명 중에서 이웃에 대한 계명에 잘 요약되어 있습니다(출 20:12-17 부모 공경, 살인, 간음, 도적질, 거짓 증거, 탐냄). 이웃을 사랑하지 않고 해를 가할 수 있는 것은 하나님의 형상대로 창조된 인간의 정체성을 파괴하는 것입니다. 살인이 그 대표적인 것입니다(창 9:6).

- 다른 사람의 피를 흘리면 그 사람의 피도 흘릴 것이니 이는 하나님이 자기 형상대로 사람을 지으셨음이니라(창 9:6)

죄는 어떤 형태든지 인간의 정체성을 파괴하는 것인데, 로마서 1장 21절 이하의 죄의 목록에서 첫 번째 나오는 것이 우상숭배이고 다음이 성적인 죄입니다. 성적인 죄는 하나님이 창조하신 가정의 질서를 파괴하는 것이고, 하나님의 성전인 몸으로 직접 죄를 짓는 것입니다.

3. 예수님을 통해 우리는 하나님의 나라로 옮겨졌고, 하나님의 자녀가 되는 권세를 갖게 되었습니다. 하나님이 처음 창조하셨을 때의 하나님과 인간의 관계로 회복되어진 것입니다. 예수님이 우리를 위해 죽으신 것도 처음부터 우리가 하나님의 자녀이기 때문이고, 우리를 회복시키셔야 했기 때문입니다.

- 그가 우리를 흑암의 권세에서 건져내사 그의 사랑의 아들의 나라로 옮기셨으니 14 그 아들 안에서 우리가 속량 곧 죄 사함을 얻었도다(골 1:13-14)
- 영접하는 자 곧 그 이름을 믿는 자들에게는 하나님의 자녀가 되는

권세를 주셨으니(요 1:12)

4. 존재할 수 없습니다.

　화석을 통해 진화를 보여 주는 어떤 증거도 나타난 적이 없고, 또 나타날 수도 없습니다. 만약 존재한다면 이미 진화론은 진화론이 아니라 진화 법칙이 되었을 것입니다. 매스컴을 통해 끊임없이 진화의 증거가 보고된다는 것이야말로 '진화가 증거가 없음'을 보여 주는 것입니다. 이미 진화가 확실한 증거에 의해 증명되었다면 진화의 증거가 나타난 것이 어떻게 매스컴에서 뉴스로 다뤄질 수 있겠습니까? 한 번도 증거가 발견된 적이 없기 때문에 끊임없이 증거가 있다고 계속 주장하는 것입니다. 그 증거라는 것도 단지 진화된 것처럼 해석하고 싶은 해석에 불과한 것인데도 말입니다.

5. 사랑니는 퇴화된 것이 아니라 유전 정보가 완전하지 않아 위치를 제대로 잡지 못해 생기는 문제입니다. 사랑니가 제 위치에 있지 않는 경우에는 발치를 해야 하지만, 제 위치에 있는 사랑니는 구조학적으로 매우 중요한 역할을 하고 있습니다. 치열의 마지막 부분에 위치하면서 치열의 구조를 안정시키도록 비스듬한 방향으로 쐐기를 박듯이 되어 있습니다. 비스듬한 방향으로 되어 있기 때문에 음식물 등이 끼어서 치아우식증이 생기기 쉬워 관리를 잘 해야 합니다. 사랑니가 정상적인 위치에 있지 않는 경우도 많지만 원래는 치열 안정화에 중요한 역할을 하는 것입니다.

6. 당연히 믿고 있습니다.

　　진화론자들은 인간도 앞으로 진화되어 다른 존재가 될 것이라고 믿고 있습니다. 또한 인류의 다양한 인종들이 진화에 의해 생긴 것이라고 주장합니다. 다양성을 진화로 믿고 있기 때문입니다.

7. 아담과 하와. 각각 한 명의 남자, 한 명의 여자로부터 모든 인류가 나왔다는 성경의 기록은 모든 여성의 조상이 한 명일 수 있다는 칸 박사의 연구, 모든 남성의 조상도 한 명일 수 있다는 햄머 박사의 연구와 일치하고 있습니다.

　　이미 성경에 있는 내용을 과학자들이 확인한 것에 불과합니다. 또한 모든 인류가 셈, 함, 야벳이라는 노아의 세 아들로부터 나왔다는 성경의 기록과 레돈 박사 등이 유전자의 다양성(copy number variation)을 조사한 결과 인류가 아프리카, 유럽, 아시아 집단으로 나뉜다는 연구 결과[Nature 444(7118):444-54, 2006]와도 일치하고 있습니다.

- 하나님이 자기 형상 곧 하나님의 형상대로 사람을 창조하시되 남자와 여자를 창조하시고(창 1:27), 아담이 그의 아내의 이름을 하와라 불렀으니 그는 모든 산 자의 어머니가 됨이더라(창 3:20), 노아의 이 세 아들로부터 사람들이 온 땅에 퍼지니라(창 9:19)

　　과학적인 증거들과 성경의 증거가 일치하는 것에 너무 흥분할 필요는 없습니다. 너무나 당연한 것을 과학자들이 이제야 발견한 것뿐입니다. 과학자들이 진화론 세계관을 가졌거나 그렇지 않거나 연구,

실험의 결과는 창조 질서를 보여 줄 수밖에 없습니다. 문제는 진화론 과학자들이 연구 결과를 어떻게 해석하느냐 하는 것입니다. 모든 연구들이 그렇듯이 위의 연구들도 진화론적 해석을 하고 있습니다. 진화론적 해석을 제거하면 그 연구 결과들을 더 바르게 해석할 수 있을 것입니다. 물론 과학적 자료들이 절대적인 것이 아니기 때문에 과학에 의존해서 성경이 맞는다고 주장해서는 안 됩니다. 단지 성경과 과학적인 자료들이 같은 방향으로 갈 수밖에 없다는 것을 보여 주는 것뿐입니다. 과학 연구 결과는 새로운 결과에 의해 계속 수정되어지며 절대적인 것이 아니기 때문에 과학에 의지해서는 안 될 것입니다. 영원한 하나님의 말씀인 성경 말씀을 신뢰해야 믿음이 견고해질 것입니다.

과학이 성경으로 열린다

05 다양성과 창조 목적

> **중요요점**
>
> 1. 하나님께서 종류대로 창조하신 생명체는 종류별로 뚜렷한 차이가 있으며, 종류 내에서도 똑같지 않고 다양한 것이 창조의 질서임
> 2. DNA 유전 정보는 생명체의 설계도이며, 설계도를 만드신 분의 창조 목적이 반영되어 있음. 따라서 사람마다 모두 다른 것은 각각 독특한 창조 목적이 있기 때문
> 3. 진화론자들은 유전 정보가 진화의 증거를 보여 준다는 거짓을 주장하고 있음

1. 각각의 생명체들은 종류대로 창조하셨습니다. 각 종류마다 독특한 설계도가 있는 것입니다.

    ■ 하나님이 큰 바다 짐승들과 물에서 번성하여 움직이는 모든 생물을 그 종류대로, 날개 있는 모든 새를 그 종류대로 창조하시니 하나님이 보시기에 좋았더라(창 1:21), 하나님이 이르시되 땅은 생물을 그 종류대로 내되 가축과 기는 것과 땅의 짐승을 종류대로 내라 하

시니 그대로 되니라(창 1:24), 하나님이 땅의 짐승을 그 종류대로, 가축을 그 종류대로, 땅에 기는 모든 것을 그 종류대로 만드시니 하나님이 보시기에 좋았더라(창 1:25)

종류대로 창조된 생명체들은 생육하고 번성하면서 다양해졌습니다. 각 종류를 구성하는 독특한 설계도의 틀 속에서 각각 조금씩 다른 부분들이 있음으로 해서 다양해졌습니다. 유전 정보의 교환으로 부모들의 유전 정보를 가지면서 동시에 부모와는 다른 유전 정보를 가진 자녀들이 태어나는 것입니다.

- 하나님이 그들에게 복을 주시며 이르시되 생육하고 번성하여 여러 바닷물에 충만하라 새들도 땅에 번성하라 하시니라(창 1:22), 하나님이 그들에게 복을 주시며 하나님이 그들에게 이르시되 생육하고 번성하여 땅에 충만하라, 땅을 정복하라, 바다의 물고기와 하늘의 새와 땅에 움직이는 모든 생물을 다스리라 하시니라(창 1:28)

2. 다양성을 소진화라고 주장합니다.

진화론자들 사이에는 소진화와 대진화를 나누는 것을 싫어하는 사람도 많습니다. 왜냐하면 소진화와 대진화를 나누어 보면 대진화가 증거가 없는 것이 명백하기 때문입니다. 반면 다양성을 소진화라고 주장하고 그렇기 때문에 대진화도 가능한 것이라고 주장하기도 합니다. 또는 창조론자들 중에도 대진화는 말이 안 되지만 소진화는 인정해야 한다는 사람들도 있습니다. 이 말은 진화를 인정한다는 것이 아니라 다양성을 인정해야 한다는 말입니다. 그러나 소진화라는 말 자체가 진화를 인정하는 것이기 때문에 이런 표현은 사용하지 않는 것이 좋습니다. 예를 들어, 사람들의 다양성을 소진화로 인정한다는 말은 아프리카 흑인이 백인으로 진화되었다는 주장을 받아들이는 것처럼 되기 때문입니다.

3. 존재할 수 없습니다.

영화나 소설에서처럼 자신과 똑같은 존재가 어디에선가 살고 있다고 생각하거나 과거 또는 미래에는 그런 존재가 있을 것이라는 막연한 생각은 모두 잘못된 생각입니다. 유전 정보의 설계도가 동일한 존재가 태어날 가능성은 같은 부모로부터도 없을 뿐 아니라 세대가 바뀔수록 가능성은 더 희박해집니다. 왜냐하면 유전 정보의 교환이 더 많이 일어나 더욱 다양해지기 때문입니다. 하나님께서 창조하신다는 입장에서 보면 같은 존재가 태어난다는 것은 있을 수 없는 일입니다. 모두가 독특하게 창조하시길 원하시기 때문입니다. 일부 종교에서 주장하는 환생이라는 개념도 하나님 없이 영혼의 불멸을 설명하려는 잘못된 주장에 불과합니다. 죽은 자가 나타난다거나 자신의 전생을 기억한다고 주장하는 것도 귀신의 역사에 불과합니다.

4. 사람은 처음부터 하나님께서 독특하고 위대해지도록 창조하셨습니다. 성경은 우리들을 왕 같은 제사장(벧전 2:9)으로 부릅니다. 왕이 서로 똑같을 수 없습니다. 왕은 각각 독립적이며 독특하고 위대합니다.

각 시대, 각 장소, 각각의 때에 따른 하나님의 독특한 부르심이 있습니다. 창세 전부터 계획된 하나님의 창조 목적이 있었고, 그에 따라 정해진 때와 장소에서 태어나는 것입니다. 또한 성경은 우리의 독특성을 은사(롬 12:6), 자기의 짐(갈 6:5), 자기 십자가(사명) 등으로 표현하고 있습니다. 각자 독특한 창조 목적(삶의 사명)이 있는 것입니다.

- 우리에게 주신 은혜대로 받은 은사가 각각 다르니 혹 예언이면 믿음의 분수대로(롬 12:6)
- 각각 자기의 짐을 질 것이라(갈 6:5)
- 이에 예수께서 제자들에게 이르시되 누구든지 나를 따라오려거든 자기를 부인하고 자기 십자가를 지고 나를 따를 것이니라(마 16:24)
- 그러나 너희는 택하신 족속이요 왕 같은 제사장들이요 거룩한 나라요 그의 소유가 된 백성이니 이는 너희를 어두운 데서 불러 내어 그의 기이한 빛에 들어가게 하신 이의 아름다운 덕을 선포하게 하려 하심이라(벧전 2:9)

5. 모두가 주님 안에서 선한 일을 위해 지음 받았습니다.

재능의 차이는 있을 수 있지만 우등한 존재와 열등한 존재는 없습니다. 재능의 차이는 은사의 차이이고, 쓰임 받는 형태가 다른 것일 뿐 중요한 것은 하나님께서 쓰실 수 있는 거룩한 그릇으로 준비되어 있느냐는 것입니다(롬 9:21-22). 토기장이이신 하나님께서 우리를 하나님의 필요에 맞도록 독특하게 창조하셨습니다. 선하신 하나님께서 우리 모두를 너무나 사랑하시는데 차별을 두고 창조하실 수가 없습니다.

- 우리는 그가 만드신 바라 그리스도 예수 안에서 선한 일을 위하여 지으심을 받은 자니 이 일은 하나님이 전에 예비하사 우리로 그 가운데서 행하게 하려 하심이니라(엡 2:10)

6. 서로 다른 우리가 주님 안에서 하나님의 성전으로 함께 지어져 간다는 것은 각각 독특한 모양으로 성전을 이루는 것에 기여한다는 것입니다.

　우리의 다름은 하나님의 성전이 아름답게 이뤄지기 위해 필요한 것입니다. 또한 다름이 차별이나 분열을 일으키는 것이 아니라 도리어 주님 안에서 하나가 되는 과정이 가능하도록 하는 것입니다. 주님 안에서 하나가 된다는 것은 서로 다른 데 사랑으로 하나가 된다는 것입니다. 이 때 세상이 우리를 보고 놀라며, 우리를 통해 하나님을 알게 되길 소망할 것입니다.

- 너희도 성령 안에서 하나님이 거하실 처소가 되기 위하여 그리스도 예수 안에서 함께 지어져 가느니라(엡 2:22)
- 너희는 유대인이나 헬라인이나 종이나 자유인이나 남자나 여자나 다 그리스도 예수 안에서 하나이니라(갈 3:28)
- 어느 때나 하나님을 본 사람이 없으되 만일 우리가 서로 사랑하면 하나님이 우리 안에 거하시고 그의 사랑이 우리 안에 온전히 이루어지느니라(요일 4:12)
- 너희가 서로 사랑하면 이로써 모든 사람이 너희가 내 제자인 줄 알리라(요 13:35)

7. 하나님은 우리를 잉태되기 전 뿐 아니라 창세 전에 알고 계셨습니다.
   - 내가 너를 모태에 짓기 전에 너를 알았고 네가 배에서 나오기 전에 너를 성별하였고 너를 여러 나라의 선지자로 세웠노라 하시기로(렘 1:5)
   - 내 형질이 이루어지기 전에 주의 눈이 보셨으며 나를 위하여 정한 날이 하루도 되기 전에 주의 책에 다 기록이 되었나이다(시 139:16)
   - 곧 창세 전에 그리스도 안에서 우리를 택하사 우리로 사랑 안에서 그 앞에 거룩하고 흠이 없게 하시려고 5 그 기쁘신 뜻대로 우리를 예정하사 예수 그리스도로 말미암아 자기의 아들들이 되게 하셨으니(엡 1:4-5)

8. 태어나기 전부터

창세 전부터 예레미야가 선지자로 부름받은 것처럼, 우리도 각자 독특한 부르심을 갖고 태어났습니다. 문제는 이런 하나님의 부르심을 어떻게 깨닫고, 하나님의 창조 목적에 맞는 삶을 살아가야 할 것인가입니다. 열심히 사는 것도 필요하지만 문제는 삶의 방향을 창조 목적에 맞추는 것이 더 중요합니다. 속도보다 방향이 중요합니다. 삶의 방향을 창조 목적에 맞춘다면 어느 누구도 할 수 없는 독특하고 위대한 창조 목적을 이루는 삶이 됩니다. 따라서 다른 사람들과의 경쟁에서 이기는 것이 중요한 것이 아니라 자신의 삶을 얼마나 하나님께 순종하고, 하나님의 창조 목적의 부르심을 깨닫고 나아가느냐가 중요합니다.

또 한 가지 중요한 것은 우리의 유전 정보가 하나님의 창조 목적에 맞춰서 설계되었다고 해서 우리의 능력으로 하나님의 창조 목적을 이룰 수 있는 것은 아닙니다. 하나님께서 함께하셔야만 하나님의 수준에 맞는 하나님의 창조 목적을 이룰 수 있습니다. 하나님께서는 우리의 환경, 우리의 재능을 초월한 능력을 갖고 계십니다. 순종과 믿음이 그 능력을 이 땅에 임하게 하는 열쇠입니다.

9. 창조주 하나님께로 돌아오는 것이며, 각자의 정체성을 회복하여 하나님의 창조 목적에 부합되는 삶을 살게 하는 것입니다.

즉 구원이라는 것은 예수 그리스도를 통해 하나님의 자녀로 회복되어, 하나님의 자녀다운 삶을 살게 되는 것입니다.

예수 그리스도의 십자가와 부활을 통과하지 않고는 하나님께로 돌아갈 수 없기 때문입니다. 그러나 구원은 한 번 예수님을 영접하고 끝나는 것이 아니라 지속적으로 자신 가운데 성화가 이뤄지도록 하는 것입니다. 다시 말해 나의 옛 자아는 죽고 예수 그리스도만이 내 안에 사는 것이며, 그리스도의 형상을 나날이 닮아가는 것입니다.

- 이르되 여러분이여 어찌하여 이러한 일을 하느냐 우리도 여러분과 같은 성정을 가진 사람이라 여러분에게 복음을 전하는 것은 이런 헛된 일을 버리고 천지와 바다와 그 가운데 만물을 지으시고 살아 계신 하나님께로 돌아오게 함이라 (행 14:15)
- 참고구절 : 그러므로 나의 사랑하는 자들아 너희가 나 있을 때뿐 아니라 더욱 지금 나 없을 때에도 항상 복종하여 두렵

고 떨림으로 너희 구원을 이루라(빌 2:12)

10. 전문적인 것이기 때문에 쉽게 판단할 수는 없습니다.

그러나 진화가 절대로 일어날 수 없다는 것을 잘 알면 어떤 과학적 증거도 진화를 지지할 수 없다는 것을 생각해야 합니다. 이런 과학적 발표는 두 가지 중에 하나입니다. 하나는 조작된 증거를 만든 것이거나 둘째는 진화론적으로 억지 해석을 하는 것이다. 이 연구는 전자에 속합니다. 이 연구 이후 침팬지는 1% 부족한 인간이라고 사람들이 부르게 되었습니다. 그러나 유전 정보에 대한 연구가 더욱 발전되면서 과학자들은 침팬지와 인간의 유전 정보의 차이가 매우 크다는 것을 발견하게 되었고, 1% 차이가 있다는 주장은 슬그머니 사라지고 있는 실정입니다.

과학이 성경으로 열린다

06 진화의 거짓 증거들

> **중요요점**
>
> 1. 진화의 중요한 기전이라고 하는 돌연변이와 자연선택은 실제로 관찰될 수 있는 것이지만, 이런 기전으로 진화는 일어날 수 없음
> 2. 진화는 무기물에서 유기물로, 유기물에서 생명체로, 단순한 생명체가 복잡한 생명체로 진화된다는 3단계로 이뤄지는데, 모든 단계에 증거가 없을 뿐 아니라 그렇게 될 가능성도 없음
> 3. 진화론은 하나님이 없다는 사상을 사람들에게 효과적으로 주입하고 있는 대표적인 이론이므로, 진화론적 패러다임을 하나님의 창조를 전제로 한 새로운 패러다임으로 바꾸는 일이 필요하며, 하나님의 능력을 의지하여 이룰 수 있음

1. 대부분의 유전자 돌연변이는 정보를 상실시켜 기형을 초래하거나 기능에 저하를 가져옵니다. 컴퓨터 프로그램에 우연한 오류가 생겨 프로그램이 다양해진다는 것은 말이 안 되고, 그중에서 더 좋은 프로그램이 생겨날 수 있다는 것도 말이 안 되는 것처럼 유전자의 돌연변이에 의해 새로운 정보가 만들어진다는 것은 더더욱 말이 안 됩니다.

컴퓨터 프로그램보다 더 정교하고 복잡한 유전 정보가 돌연변이에 의해 다양해진다는 것은 진화론적인 설명일 뿐이다.

유전 정보에 대한 연구가 발전되면서 유전 정보의 차이에 대하여 더 많은 것을 알게 되었습니다. 이런 유전 정보의 차이 중에는 유전 정보의 다양성에 의해 서로 차이가 나타난 부분도 있고, 돌연변이에 의해 유전 정보를 잃어버린 부분도 있습니다. 유전 정보의 차이를 해석할 때 이런 부분들이 혼재되어 있어 어느 것이 돌연변이에 의한 것인지, 다양성에 의한 것인지 판단하기 어려울 때가 많습니다. 그렇기 때문에 과학자들은 다양성과 돌연변이를 구별하지 않고 차이를 말할 뿐입니다.

또 한 가지 중요한 것은 정상적인 유전 정보가 무엇인지 잘 모를 수 있다는 것입니다. 1,000살 가까이 살았던 우리 조상들의 유전 정보와 우리의 유전 정보는 상당한 차이가 있을 것입니다. 에덴동산에서 살았던 아담과 하와의 유전 정보는 어떠했을까요? 우리가 지금 알 수 있는 것은 많은 사람들을 정상으로 간주하고 특별히 질병이 있는 사람들과 비교하여 유전 정보가 어떻게 손상되었는지를 파악할 수 있을 뿐입니다.

2. 밀러의 실험은 진화론보다는 창조론에 더 가까운 것으로 보입니다.

왜냐하면 무기물이 유기물로 합성되기 위해서는 인간의 설계에 의한 실험 장치가 필요하고, 외부 에너지가 필요하기 때문입니다. 즉, 지성, 설계, 에너지가 개입되어야 무기물에서 유기물로 합성할 수 있는 것입니다. 이런 것이 없이 무기물이 저절로 유기물로 합성되는 일은 관찰되지도 않는 일이며 그렇게 될 수도 없는 일이다. 하나님의 창조는 없는 것을 있는 것으로 만드는 것이기 때문에 인간은 창조할 수 없습니다. 따라서 밀러의 실험은 창조와는 상관없는 단순히 인간의 과학적 능력일 뿐입니다. 진화론과 창조론 어느 쪽에 가까운지에 대한 물음은 이런 실험이 진화를 증명한다고 믿는 것이 얼마나 비논리적인지를 강조하기 위해서입니다.

3. 이런 증거들을 모두 제거하면 진화론의 증거로 제시할 것이 없어지기 때문입니다. 학생들에게 진화론은 증거는 없지만 그냥 믿으라고 가르쳐야 할 상황입니다. 교과서에 나오는 진화론의 증거들은 모두 거짓 증거이거나 진화론적 해석을 붙인 것뿐입니다.

4. 주의하라고 합니다.
   즉, 그럴듯한 이론으로 사람들을 속이는 일은 그리스도를 좇지 않도록 미혹하는 것이며, 이런 미혹을 당해 방향 없이 사는 것은 우리의 시간과 능력을 도적질 당하는 것과 같은 것입니다.
   - 누가 철학과 헛된 속임수로 너희를 사로잡을까 주의하라 이것은 사람의 전통과 세상의 초등학문을 따름이요 그리스도를 따름이 아니니라(골 2:8)

5. 지식도 창조주 하나님의 형상에 따라 새롭게 되어야 하고, 여호와를

경외하는 것이 지식의 근본이라고 성경은 말씀하십니다. 하나님을 경외하지 않는 지식은 근본이 잘못된 것이고, 사람들의 지식도 예수님을 믿고 구원받은 이후 새롭게 되어야 한다는 것입니다. 구원을 받은 순간 모든 지식이 갑자기 변화되지 않습니다. 죄의 습관이 그대로 남아있는 것처럼 우리의 지식도 하나님의 말씀과 성령님의 인도하심에 따라 새롭게 변화되어야 합니다.

- 새 사람을 입었으니 이는 자기를 창조하신 이의 형상을 따라 지식에까지 새롭게 하심을 입은 자니라(골 3:10)
- 여호와를 경외하는 것이 지식의 근본이거늘 미련한 자는 지혜와 훈계를 멸시하느니라(잠 1:7)

6. 마귀의 일을 멸하시기 위해 오셨습니다.

죄를 짓는 것은 마귀에 속한 것입니다. 우리는 마귀의 권세 아래 있어야 하는 것이 아니라 하나님의 통치 아래 있어야 합니다. 마귀의 권세 아래 있는 사람들을 구원하는 일이 우리의 사명이며, 주님이 우리를 부르신 이유입니다.

- 죄를 짓는 자는 마귀에게 속하나니 마귀는 처음부터 범죄함이라 하나님의 아들이 나타나신 것은 마귀의 일을 멸하려 하심이라(요일 3:8)

과학이 성경으로 열린다

07 대홍수의 증거

> **중요요점**
>
> 1. 성경은 인류 역사가 어떻게 시작되고 전개되었는지를 보여 주고 있음
> 2. 노아 시대 대홍수 심판은 역사적 사건이며, 또한 전 지구적인 홍수 심판임
> 3. 지층과 화석은 대홍수의 격변을 잘 보여 주고 있음

1. 노아 시대 대홍수 심판과 소돔과 고모라를 멸망시킨 심판

노아 시대 심판은 세상에 대한 심판이고, 소돔과 고모라에 대한 심판은 본을 보이기 위한 것이라는 것은 노아 시대 대홍수 심판이 전 지구적이었다는 것을 보여 주고 있습니다.

- 옛 세상을 용서하지 아니하시고 오직 의를 전파하는 노아와 그 일곱 식구를 보존하시고 경건하지 아니한 자들의 세상에 홍수를 내리셨으며 소돔과 고모라 성을 멸망하기로 정하여 재가 되게 하사 후세에 경건하지 아니할 자들에게 본을 삼으셨으며(벧후 2:5-6)

2. 농사

- 여호와 하나님이 에덴 동산에서 그를 내보내어 그의 근원이 된 땅을 갈게 하시니라(창 3:23), 그가 또 가인의 아우 아벨을 낳았는데 아벨은 양 치는 자였고 가인은 농사하는 자였더라(창 4:2)

건축

- 아내와 동침하매 그가 임신하여 에녹을 낳은지라 가인이 성을 쌓고 그의 아들의 이름으로 성을 이름하여 에녹이라 하니라(창 4:17), 또 말하되 자, 성읍과 탑을 건설하여 그 탑 꼭대기를 하늘에 닿게 하여 우리 이름을 내고 온 지면에 흩어짐을 면하자 하였더니(창 11:4)

목축

- 아다는 야발을 낳았으니 그는 장막에 거주하며 가축을 치는 자의 조상이 되었고(창 4:20)

음악

- 그의 아우의 이름은 유발이니 그는 수금과 퉁소를 잡는 모든 자의 조상이 되었으며(창 4:21)

청동기, 철기 문명

- 씰라는 두발가인을 낳았으니 그는 구리와 쇠로 여러 가지 기구를

만드는 자요 두발가인의 누이는 나아마였더라(창 4:22)

농사와 양을 치는 일은 처음부터 있었고, 가인의 후예들을 중심으로 건축, 음악, 청동기, 철기 등을 생산하는 새로운 문명들이 나타남을 알 수 있습니다. 가인의 후예들이 이런 새로운 문명을 만들 수 있었던 것은 가인이 하나님을 떠나는 삶을 살게 되고, 농사를 짓지 못하는 저주를 받았기 때문인 것 같습니다. 하나님을 떠났기 때문에 자신을 보호하는 성을 쌓게 되면서 건축술이 발전하고, 농사 대신 다른 일을 해야 하는 어려운 상황을 돌파하면서 다양하고 새로운 발견과 발명들이 이뤄진 것 같습니다.

3. 땅에 가득차고, 천하의 높은 산을 다 덮고도 15규빗(약 7m) 더 높아졌음
   - 물이 땅에 더욱 넘치매 천하의 높은 산이 다 잠겼더니 20 물이 불어서 십오 규빗이나 오르니 산들이 잠긴지라(창 7:19~20)

한 규빗은 팔꿈치에서 가운데손가락 끝까지의 길이로 약 46cm 정도입니다(44~50cm 가량). 노아 시대의 지구는 지금 우리들이 보는 것과 같은 산보다는 높이가 낮고, 기온도 온화하였다고 과학자들은 설명합니다. 이 내용은 뒤에 대홍수 전과 후 기후의 차이에서 설명합니다.

4. 모든 혈육 있는 자가 죄를 지었으며, 땅과 함께 다 멸하였으며, 모두 죽었다는 창세기 기록을 비롯하여 노아 시대 홍수를 세상에 대한 심

판으로 여러 성경 구절에서 기록하고 있습니다(마 24:39, 눅 17:27, 벧후 2:5).

　또한 다시는 홍수로 땅을 멸하지 않겠다는 하나님의 약속이 기록되어 있는데, 지금도 홍수가 발생하기 때문에 노아 시대 대홍수를 국지적 홍수로 해석하면 다시는 홍수로 땅을 멸하지 않겠다는 하나님의 약속의 말씀이 틀린 것이 됩니다. 노아 시대 대홍수를 국지적 홍수라고 주장하는 이유는 진화론 등의 영향을 받아 성경 해석을 달리함으로써 과학적인(?) 이론과 성경을 조화시키려고 하기 때문입니다. 그러나 실제적으로 과학적인 증거들은 전지구적인 대홍수에 의해 더 잘 설명될 수 있습니다.

- 하나님이 보신즉 땅이 부패하였으니 이는 땅에서 모든 혈육 있는 자의 행위가 부패함이었더라 6:13 하나님이 노아에게 이르시되 모든 혈육 있는 자의 포악함이 땅에 가득하므로 그 끝 날이 내 앞에 이르렀으니 내가 그들을 땅과 함께 멸하리라 6:17 내가 홍수를 땅에 일으켜 무릇 생명의 기운이 있는 모든 육체를 천하에서 멸절하리니 땅에 있는 것들이 다 죽으리라 7:4 지금부터 칠 일이면 내가 사십 주야를 땅에 비를 내려 내가 지은 모든 생물을 지면에서 쓸어버리리라 7:21 땅 위에 움직이는 생물이 다 죽었으니 곧 새와 가축과 들짐승과 땅에 기는 모든 것과 모든 사람이라 7:22 육지에 있어 그 코에 생명의 기운의 숨이 있는 것은 다 죽었더라 7:23 지면의 모든 생물을 쓸어버리시니 곧 사람과 가축과 기는 것과 공중의 새까지라 이들은 땅에서 쓸어버림을 당하였으되 오직 노아와 그와 함께 방주에 있던 자들만 남았더라 9:11 내가 너희와 언약을 세우리

니 다시는 모든 생물을 홍수로 멸하지 아니할 것이라 땅을 멸할 홍수가 다시 있지 아니하리라(창 6:12-9:11)

참고 : 노아 시대 대홍수가 국부적인 홍수였다고 주장하는 이론 중에 '다중격변론'이 있습니다. 다중격변론은 지구상에 여러 번의 격변이 있었으며, 이런 격변에 의해 지층이 형성되었다는 주장입니다. 단시간 내에 다양한 암석층들이 만들어질 수 없다는 것입니다. 그러나 대격변 기간 중에 다양한 암석층들이 얼마든지 만들어질 수 있는 것은 높은 압력과 온도가 발생되는 특수한 상황이 있고, 또한 대홍수의 격변이 한 번의 홍수와 물이 물러감으로 이뤄지는 것이 아니기 때문입니다. 대홍수 기간 중에 엄청난 지각 변동이 있고, 대륙이 이동하는 거대한 변화가 있었습니다. 그렇기 때문에 이런 격변적인 상황에서 물의 움직임이 다양하게 이뤄졌고, 암석 형성도 다양하게 이뤄질 수 있는 것입니다.

 퇴적암층에 동물들의 발자국이 남아 있을 수 있는 것도 바로 이런 이유 때문입니다. 물의 격변적인 움직임으로 퇴적암층이 형성되고, 물이 일시적으로 물러갔을 때 퇴적암이 돌로 되기 전에 당시 살아남아 있던 동물들이 홍수를 피해 달아나는 것입니다. 미국 전역에서 발견되는 공룡 발자국들은 전체적으로 한 방향으로 도망가고 있는 모습이 관찰됩니다.

다중격변론의 또다른 근거는 달이나 다른 행성 표면에 수없이 많은 '운석공'이 있으며, 운석이 떨어지는 확률로 봤을 때 엄청나게 오랜 기간 동안 운석이 떨어진 것이며 우주가 오래된 것을 보여 준다고 주장합니다. 그러나 운석공 한 개가 한 개의 운석에 의해 형성된 것이 아니라 한 개의 운석이 많은 운석공을 남길 수 있다는 과학적인 연구들이 이뤄졌습니다. 노아 시대 대홍수 때 운석이 대량 또는 몇 개가 떨어져서 대홍수를 일으켰다는 주장도 있지만 이런 주장은 '큰 깊음의 샘이 터지고 하늘의 창이 열려'라며 대홍수가 된 성경의 기록과 잘 조화되지 않습니다.

또한 이 때 운석이 떨어졌다고 하더라도 현재 지구에서 발견되는 운석공과 관련이 없습니다. 왜냐하면 운석이 떨어져 생긴 운석공은 대홍수 기간 중에 퇴적암에 덮여버리고 말기 때문입니다. 지구 표면에서 발견되는 운석공은 대홍수 과정 중에 생길 수도 있습니다. 큰 깊음의 샘이 터지면서 많은 암석들이 폭발적으로 공중으로 솟아올랐을 것이고, 이중에 어떤 암석들은 지구 괘도를 순환할 정도로 높이 올라갔을 것입니다. 지구 괘도를 돌던 암석들이 차츰 운동력을 잃고 중력에 의해 떨어지면서 대홍수 이후 형성되고 있는 퇴적암층에 운석공의 흔적을 남겼을 것입니다. 지구를 보고 있는 달 표면에 운석공이 반대면보다 많은 것이 노아 홍수의 대폭발과 연관된 것이라는 주장도 있습니다. 물론 실제 운석이 떨어져서 생긴 흔적도 지구표면에서 발견됩니다.

5. '모든(히.콜, all) 큰 깊음의 샘들이 터짐'과 '하늘의 창들이 열림'(물층이 파괴되어 비로 내림).

큰 깊음의 샘들이 터진 것은 매우 깊은 곳에 있는 거대한 샘이 터진 것입니다. 이런 성경의 기록에 대하여 비판적인 과학자들은 땅 속에 거대한 샘이 있었다는 증거가 없기 때문에 믿을 수 없다고 합니다. 대홍수 이후 거대한 지각 변동이 일어났기 때문에 이런 흔적을 찾기는 어렵습니다. 그러나 지금도 지하에 거대한 물층이 있는 곳은 많이 있습니다.

또한 최근의 연구에 의하면 맨틀 층에 온도가 낮은 거대한 암석이 있음을 발견하였습니다. 원래부터 맨틀에 있었던 암석이라면 온도가 낮을 수가 없습니다. 거대한 지상의 암석이 맨틀로 내려간 것이라고 해석할 수밖에 없습니다. 이런 암석들은 노아 시대 대홍수 때의 격변적 모델에 의해 가장 잘 설명이 됩니다. 맨틀 층을 포함한 깊은 지하에서부터 대폭발이 있었고, 거대한 물들과 용암이 분출되며, 지각이 깨어지고 움직여서 대륙이 이동하는 엄청난 지구적인 격변만이 맨틀 속에 있는 온도가 낮은 거대 암석을 비롯한 지구상에 나타난 여러 현상들을 설명할 수 있습니다.

- 노아가 육백 세 되던 해 둘째 달 곧 그 달 열이렛날이라 그 날에 큰 깊음의 샘들이 터지며 하늘의 창문들이 열려 1:6 하나님이 이르시되 물 가운데에 궁창이 있어 물과 물로 나뉘라 하시고(창 7:11, 1:16)

6. 산을 덮는 대홍수

물이 물러가면서 산은 올라가고 골짜기는 내려가는 격변을 시편 기자가 노래하고 있습니다. 물이 산을 덮은 상황은 창조 주간의 상황이 아니라(창조 주간에 물 밑에서 땅이 솟아올라 산이 되면서 화석이 남지 않는 지층이 형성된 것으로 해석됨), 대홍수 때의 상황이라고 해석하는 것이 타당합니다. 창조 때의 상황이라면 옷을 덮듯이 덮고, 하나님께서 견책하시고, 도망하였다는 등의 표현이 어울리지 않습니다. 또한 이어지는 9절 말씀에 물의 경계를 정하시고, 다시 돌아와 땅을 덮지 못하게 하신 것은 대홍수 이후 다시는 홍수가 없을 것이라는 하나님의 말씀을 의미하는 것으로 보입니다. 또한 산을 덮은 "(깊은) 바다"가 원어적으로 '큰 깊음의 샘이 터지며'의 깊음과 같습니다. 따라서 노아 시대 대홍수의 모든 큰 깊음의 샘들이 터지면서 나온 것이 산을 덮은 상황으로 해석하는 것이 자연스럽습니다.

- 옷으로 덮음 같이 주께서 땅을 깊은 바다로 덮으시매 물이 산들 위로 솟아올랐으나 7 주께서 꾸짖으시니 물은 도망하며 주의 우렛소리로 말미암아 빨리 가며 8 주께서 그들을 위하여 정하여 주신 곳으로 흘러갔고 산은 오르고 골짜기는 내려갔나이다 (시 104:6-8)

과학이 성경으로 열린다

08 대홍수와 노아의 방주

> **중요요점**
>
> 1. 노아 시대 대홍수 심판은 사람들의 죄 때문이며, 앞으로 올 예수님의 재림 심판의 중요한 예표적 사건임
> 2. 노아 시대 대홍수 사건은 성경에 매우 자세히 기록되어 있으며, 노아 방주의 규격 등도 성경의 기록이 구체적이고 역사적이라는 것을 보여 줌
> 3. 하나님의 심판에는 항상 구원의 길이 함께 있으며, 이 시대에 예수님을 전하는 것이 하나님의 구원 역사에 참여하는 것임

1. 살인
   - 가인이 그의 아우 아벨에게 말하고 그들이 들에 있을 때에 가인이 그의 아우 아벨을 쳐죽이니라(창 4:8)

거짓말
   - 여호와께서 가인에게 이르시되 네 아우 아벨이 어디 있느냐 그가

이르되 내가 알지 못하나이다 내가 내 아우를 지키는 자니이까(창 4:9)

두 아내를 취함
- 라멕이 두 아내를 맞이하였으니 하나의 이름은 아다요 하나의 이름은 씰라였더라(창 4:19)

살인을 자랑함
- 라멕이 아내들에게 이르되 아다와 씰라여 내 목소리를 들으라 라멕의 아내들이여 내 말을 들으라 나의 상처로 말미암아 내가 사람을 죽였고 나의 상함으로 말미암아 소년을 죽였도다(창 4:23, 성경에 기록된 최초의 시)

하나님의 아들과 사람의 딸에 대한 신학적 해석은 여러 가지가 있으나 하나님의 아들을 셋의 후예로, 사람의 딸들을 가인의 후예로 해석하는 것이 가장 지지를 받고 있습니다(창세기 계보에도 하나님, 아담, 셋 등의 순서로 나아갑니다). 이런 해석을 기준으로 할 때 하나님의 아들로 불리는 셋의 후예, 즉 경건한 혈통과 살인자 가인의 후예, 즉 죄인의 혈통 간에 결혼을 통해 죄의 문화가 창궐하는 일들이 대홍수 심판을 초래한 중요한 사건이 됩니다. 왜냐하면 그 이후 네피림이라는 존재들이 역사의 영웅으로 등장하고, 하나님께서 나의 신이 함께 하지 않을 것이라고 선포하시기 때문입니다.

- 여호와께서 이르시되 나의 영이 영원히 사람과 함께 하지 아니하리니 이는 그들이 육신이 됨이라 그러나 그들의 날은 백이십 년이 되리라 하시니라(창 6:3)

하나님께서 심판을 선포하실 때 죄악이 가득 찼다고 말씀하시는 것을 보면 하나님의 아들로 표현되는 경건한 계통이 영적 능력을 상실한 것으로 보입니다. 가인의 후손보다 셋과 그 형제들의 후손이 더 많았을 터인데도 불구하고 노아와 그 가족들만을 제외하고 모두 심판을 당하게 된 것입니다. 전체적인 심판은 죄인들 때문에 오는 것이 아니라 의인들이 없기 때문에 오는 것입니다(아브라함이 소돔과 고모라 성을 구원하기 위해 중보하는 것도 바로 의인들로 인해 심판이 지연될 수 있음을 보여 줍니다).

2. 모든 사람들의 죄가 많아지고 모든 계획이 악해졌기 때문

즉 회개하여 깨끗하게 될 수 있는 가능성이 전혀 없어졌으며 심판을 지연시킬 수 없을 정도가 된 것입니다.
- 여호와께서 사람의 죄악이 세상에 가득함과 그의 마음으로 생각하는 모든 계획이 항상 악할 뿐임을 보시고(창 6:5)

3. 창세기에는 구체적인 죄가 열거되어 있지 않지만, 하나님께서 심판하시는 죄의 목록들이 로마서와 골로새서에 기록되어 있습니다. 즉, 고집, 회개치 아니한 마음, 음란, 부정, 사욕, 악한 정욕, 탐심 등입니다.
- 다만 네 고집과 회개하지 아니한 마음을 따라 진노의 날 곧 하나님

의 의로우신 심판이 나타나는 그 날에 임할 진노를 네게 쌓는도다(롬 2:5)

- 그러므로 땅에 있는 지체를 죽이라 곧 음란과 부정과 사욕과 악한 정욕과 탐심이니 탐심은 우상 숭배니라 6 이것들로 말미암아 하나님의 진노가 임하느니라(골 3:5-6)

4. 예수님은 재림의 때에 노아 시대처럼, 소돔과 고모라가 멸망할 때처럼 심판에 대한 두려움 없이 즉, 하나님에 대한 관심이 전혀 없이 먹고 마시고 장가들고 시집가다(자신들의 일에만 열중하다) 멸망할 것이라고 경고하십니다.

롯이 딸과 정혼한 사위에게 함께 떠나자고 할 때 그들은 경고를 농담으로 생각했습니다. 즉, 사람들은 하나님의 심판을 믿지도 않고 두려워하지도 않습니다. 심판을 당하고 나서야 알게 되겠지만 그때는 이미 늦은 것입니다.

- 노아의 때에 된 것과 같이 인자의 때에도 그러하리라 27 노아가 방주에 들어가던 날까지 사람들이 먹고 마시고 장가 들고 시집 가더니 홍수가 나서 그들을 다 멸망시켰으며 28 또 롯의 때와 같으니 사람들이 먹고 마시고 사고 팔고 심고 집을 짓더니 29 롯이 소돔에서 나가던 날에 하늘로부터 불과 유황이 비오듯 하여 그들을 멸망시켰느니라 30 인자가 나타나는 날에도 이러하리라(눅 17:26-30)
- 롯이 나가서 그 딸들과 결혼할 사위들에게 말하여 이르기를 여호와께서 이 성을 멸하실 터이니 너희는 일어나 이 곳에서 떠나라 하

되 그의 사위들은 농담으로 여겼더라(창 19:14)

5. 성경의 기록을 그대로 옮겨서 덧셈만 하면 아래의 아담 이후 연도가 나옵니다.

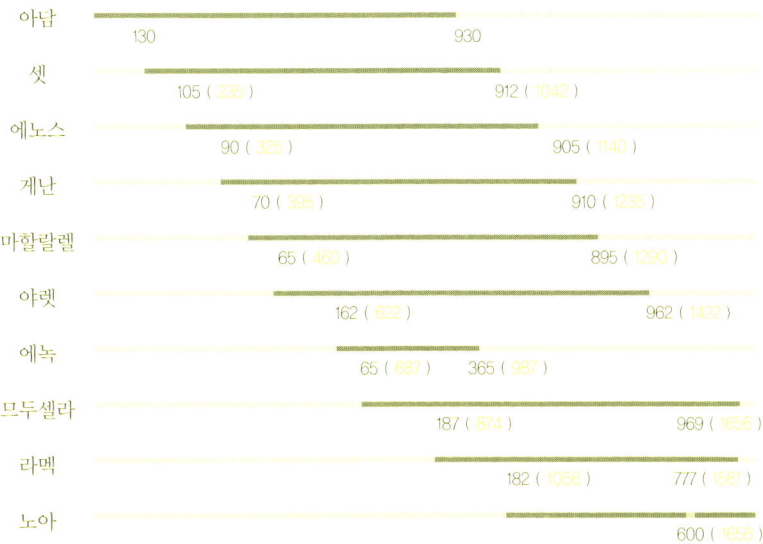

6. 아담 이후 1656년 경으로 같은 해임

7. 2월 17일 홍수 시작,
3월 26일 40일 비 그침,
7월 17일까지 150일 동안 홍수 지속,
다음해 2월 27일 방주에서 나옴

8. 기뻐하지 않으심. 회개하길 원하심
    - 너는 그들에게 말하라 주 여호와의 말씀이니라 나의 삶을 두고 맹세하노니 나는 악인이 죽는 것을 기뻐하지 아니하고 악인이 그의 길에서 돌이켜 떠나 사는 것을 기뻐하노라 이스라엘 족속아 돌이키고 돌이키라 너희 악한 길에서 떠나라 어찌 죽고자 하느냐 하셨다 하라(겔 33:11)

9. 한 규빗은 사람의 팔꿈치에서 가운데손가락까지의 길이인데, 약 46cm 정도로 추정합니다. 따라서 길이 300규빗은 약 132m, 넓이 50규빗은 약 22m, 높이 30규빗은 약 13m입니다.

10. 노아, 노아의 세 아들, 그리고 그 아내들까지 모두 8명(창 7:13)과 들짐승, 육축, 기는 것, 새 등(창 7:2 이하)
    - 곧 그 날에 노아와 그의 아들 셈, 함, 야벳과 노아의 아내와 세 며느리가 다 방주로 들어갔고(창 7:13)
    - 너는 모든 정결한 짐승은 암수 일곱씩, 부정한 것은 암수 둘씩을 네게로 데려오며 3 공중의 새도 암수 일곱씩을 데려와 그 씨를 온 지면에 유전하게 하라, 14 그들과 모든 들짐승이 그 종류대로, 모든 가축이 그 종류대로, 땅에 기는 모든 것이 그 종류대로, 모든 새가 그 종류대로 15 무릇 생명의 기운이 있는 육체가 둘씩 노아에게 나아와 방주로 들어갔으니(창 7:2-3, 14-15)

11. 7번 문제에 답이 있습니다. 한 달은 30일로 계산됩니다. 2월 17일에서 7월 17일까지가 150일로 기록되어 있기 때문입니다. 또한 2월 17일 대홍수가 시작되기 7일전에 방주에 들어갔고, 다음 해 2월 27일에 방주에서 나왔기 때문에 7일 + 360일 + 10일 = 377일 동안 방주에 있었던 것으로 알 수 있습니다.

12. 하나님의 은혜를 입었고, 의인이요, 완전한자, 하나님과 동행하는 자라고 표현되어 있습니다. 노아가 어떻게 완전할 수 있었겠습니까? 하나님과 함께 했기 때문에 노아는 완전한 삶을 살 수 있었습니다.
    - 그러나 노아는 여호와께 은혜를 입었더라 9 이것이 노아의 족보니라 노아는 의인이요 당대에 완전한 자라 그는 하나님과 동행하였으며(창 6:8-9)

13. 구원의 방법은 예수 그리스도뿐입니다.
    다른 길은 없습니다. 대홍수 때 방주를 타는 것 외에는 구원의 방법이 없었듯이 예수님 재림의 심판 때 구원받을 방법은 예수님을 믿는 것뿐입니다. 노아는 방주를 지음으로 해서 구원 사역에 일조를 하였지만, 방주를 통한 구원은 대홍수 심판에서의 구원일 뿐 죽음과 죄의 값, 하나님의 심판에 대한 근본적인 구원은 아니었습니다. 근본적인 구원의 길(죽음에서 영생으로 가는 길)에 우리가 한 것은 아무것도 없으며, 할 수도 없습니다. 구원은 전적인 하나님의 은혜입니다.
    - 이 복음은 하나님이 선지자들을 통하여 그의 아들에 관하여 성경

- 이제는 우리 구주 그리스도 예수의 나타나심으로 말미암아 나타났으니 그는 사망을 폐하시고 복음으로써 생명과 썩지 아니할 것을 드러내신지라(딤후 1:10)

우리의 역할은 모든 민족에게 복음을 증거하는 것입니다. 노아가 방주를 지은 것처럼 우리도 하나님의 구원 사역에 동참할 수 있습니다. 하나님께서는 전도의 미련한 것을 통해 구원하시기를 기뻐하셨습니다(고전 1:21). 우리는 전도를 통해 하나님의 구원 사역에 참여하는 것입니다. 하나님의 구원 사역에 동참하는 것도 전적인 하나님의 은혜입니다. 왜냐하면 하나님께서 부족한 우리를 하나님의 사역에 동참시키시는 것은 우리가 하나님의 자녀이고, 후사이기 때문입니다.

- 이 천국 복음이 모든 민족에게 증언되기 위하여 온 세상에 전파되리니 그제야 끝이 오리라(마 24:14)
- 이르되 여러분이여 어찌하여 이러한 일을 하느냐 우리도 여러분과 같은 성정을 가진 사람이라 여러분에게 복음을 전하는 것은 이런 헛된 일을 버리고 천지와 바다와 그 가운데 만물을 지으시고 살아 계신 하나님께로 돌아오게 함이라(행 14:15)
- 내가 달려갈 길과 주 예수께 받은 사명 곧 하나님의 은혜의 복음을 증언하는 일을 마치려 함에는 나의 생명조차 조금도 귀한 것으로 여기지 아니하노라(행 20:24)

과학이 성경으로 열린다

09 대홍수, 그 전후

중요요점

1. 창세기 족장들이 천 살 가깝게 살았던 것을 믿지 못하는 것은 대홍수 이전과 이후 환경의 변화를 이해하지 못하기 때문
2. 사람과 동물들의 거대한 화석은 당시 지구의 환경이 지금과는 달리 생명체들이 오래 살고 거대해질 수 있었다는 것을 보여 주고 있음
3. 인류 역사에도 대홍수에 대한 뚜렷한 기억이 남아 있으며, 성경만이 인류 역사를 바르게 이해하고, 미래의 심판 및 새 하늘과 새 땅을 알아 현재를 바르게 살 수 있음

1. 지구를 둘러싼 물층이 대홍수 때 파괴되었고, 큰 깊음의 샘이 터지면서 엄청난 지각 변동이 이뤄지는 큰 변화가 초래되었습니다.

물층이 파괴됨에 따라 물층 때문에 부분적으로 차단되었던 우주 방사선이나 자외선 등이 지구 표면에 더 많이 비치게 되었고, 이에 따라 생명체의 유전 정보 등에 손상을 가져오게 되었을 것입니다. 엄청난 지각 변동은 지하에 있던 많은 방사성 물질들이 지표면으로 노출되게 만들었고(방사성 붕괴가 가속화되었을 수도 있습니다), 이런 영향도 역시 유전 정보의 손상을 초래하였을 것입니다. 유전 정보의 손상이 사람마다 차이가 있었을 것이고, 세대가 계속 됨에 따라 유전 정보의 손상이 누적되어 그 영향이 더 광범위하게 되었을 것입니다. 대홍수 이후 급격한 수명의 변화가 초래된 이유가 여기에 있을 것입니다.

- 하나님이 이르시되 물 가운데에 궁창이 있어 물과 물로 나뉘라 하시고 7 하나님이 궁창을 만드사 궁창 아래의 물과 궁창 위의 물로 나뉘게 하시니 그대로 되니라 7:11 노아가 육백 세 되던 해 둘째 달 곧 그 달 열이렛날이라 그 날에 큰 깊음의 샘들이 터지며 하늘의 창문들이 열려 7:12 사십 주야를 비가 땅에 쏟아졌더라(창 1:6-7, 7:11-12)

- 옷으로 덮음 같이 주께서 땅을 깊은 바다로 덮으시매 물이 산들 위로 솟아올랐으나 7 주께서 꾸짖으시니 물은 도망하며 주의 우렛소리로 말미암아 빨리 가며 8 주께서 그들을 위하여 정하여 주신 곳으로 흘러갔고 산은 오르고 골짜기는 내려갔나이다(시 104:6-8)

참고 1: 물층의 존재에 대하여는 창조과학자들 사이에서도 논란이 많습니다. 어떤 창조과학자들은 물층이 지표면 위에 있는 것이 아니라 우주를 둘러싸고 있는 것을 표현한 것이라고 해석하기도 합니다. 또는 물층이 지구 전체를 둘러싸고 있는 것이 아니라 부분적으로 존재하였을 것으로 해석하기도 합니다. 이렇게 해석하는 이유는 물층의 존재를 과학적으로 설명하는 것이 현재의 과학 수준으로는 불가능하기 때문입니다. 그러나 물층이론이 아니면 설명할 수 없는 증거들이 있습니다. 지구 전체가 따뜻했다는 화석의 증거와 대형 시조새가 날 수 있는 환경이 가능하려면 대기압이 지금보다 높았을 가능성 등입니다. 노아 홍수를 나타내는 것으로 보이는 인디언 석판에도 홍수 전후 태양의 모습이 달라진 것도 물층이 있었음을 지지합니다. 분명한 것은 대홍수 이전과 이후 환경은 수명의 변화를 초래할 정도로 매우 달랐다는 것입니다.

참고 2: 우리나라에서 비타민 C 전도사로 불리는 이왕재 교수께서는 사람이 대홍수 이전에는 비타민 C 합성 능력을 가지고 있었을 것이라고 주장합니다. 그렇기 때문에 1년이 넘도록 방주 안에서 살아도 아무도 괴혈병에 걸리지 않았다는 것입니다. 또한 비타민 C 합성 능력은 사람과 기니아픽(쥐와 비슷함)을 제외하고 거의 모든 포유류가 갖고 있습니다. 따라서 사람도 과거 비타민 C 합성 능력을 가졌을 것이라고 과학자들이 추정하고 있습니다. 대홍수 이후 환경의 변화가 유전자 손상을 가져왔고, 그 중에 하나는 비타민 C 합성을 할 수 있는 유전 정보였을지도 모릅니다.

2. 무지개

- 내가 너희와 언약을 세우리니 다시는 모든 생물을 홍수로 멸하지 아니할 것이라 땅을 멸할 홍수가 다시 있지 아니하리라 [12] 하나님이 이르시되 내가 나와 너희와 및 너희와 함께 하는 모든 생물 사

이에 대대로 영원히 세우는 언약의 증거는 이것이니라 13 내가 내 무지개를 구름 속에 두었나니 이것이 나와 세상 사이의 언약의 증거니라(창 9:11-13)

참고: 물층이 있었던 과거 지구에는 비가 없었을 것이라고 창조과학자들이 생각한 적이 있습니다. 특히 창세기 2장 5절 "여호와 하나님이 땅에 비를 내리지 아니하셨고 땅을 갈 사람도 없었으므로 들에는 초목이 아직 없었고 밭에는 채소가 나지 아니하였으며"를 그 근거로 생각했었는데 이 말씀은 에덴동산에서 추방되어 경작이 시작하기 전으로 해석할 수도 있습니다. 따라서 이 말씀을 근거로 과거 비가 없었다고는 더 이상 생각하지 않습니다. 또한 물층이 있었다고 하더라도 물이 증발되고 다시 비로 내려오는 순환 시스템은 있었을 것이기 때문에 비는 있었을 것으로 생각합니다. 그러나 물층이 있는 환경에서 태양 빛은 산란되어 들어오기 때문에 무지개는 형성되지 않았을 것이라고 생각합니다.

3. 추위, 겨울이라는 말이 처음 등장합니다.

창세기 1장에 사계(사계절)이라는 말이 등장하지만, 추위라는 말은 처음 등장합니다. 물층으로 둘러싸인 지구에서도 계절의 변화는 있었을 것입니다. 지금에 비해 훨씬 온화하고, 기후의 변동이 작았겠지만 계절의 변화는 당연히 있었을 것입니다. 추위는 겨울의 추위도 의미하겠지만 빙하기의 추위, 어떤 지역은 항상 추운 곳이 있다는 것 등 포괄적인 의미로 해석할 수 있습니다. 따라서 이런 환경의 변화는 식물의 성장과 분포에 큰 영향을 끼쳤을 것이며, 이로 인해 식량을 구하는 문제가 심각해졌을 것입니다(5번 문제 참조).

- 땅이 있을 동안에는 심음과 거둠과 추위와 더위와 여름과 겨울과 낮과 밤이 쉬지 아니하리라(창 8:22)

4. 셈 600세, 아르박삿 438세, 셀라 433세, 에벨 464세, 벨렉 239세, 르우 239세, 스룩 230세, 나홀 148세 등으로 급작스럽게 수명이 감소하고 있음을 보여 주고 있습니다. 수명 감소의 원인 중에 유전 정보의 손상에 대하여는 1번 해설을 참고하시기 바랍니다. 식생활에서 동물도 먹을 수 있도록 한 것이 수명 감소에 영향을 줄 수도 있습니다(직접적인 원인보다는 비만이 원인이 될 수 있지만). 어떤 학자들은 바벨탑 사건 이후(벨렉 이후) 수명 감소가 더 심해진 것에 주목하여 바벨탑 사건이 수명 감소에 영향을 미쳤을 것이라고 추정합니다. 언어의 변화가 인체에 어떤 영향을 미쳤을 것인지 잘 알 수 없지만, 서로 말이 통하지 않는 상황 자체가 매우 큰 스트레스로 작용하였을 것은 분명합니다. 또한 바벨탑 사건 이후 빙하기가 온 것으로 추정됩니다. 빙하기 이후 달라진 환경도 수명에 영향을 미쳤을 것입니다.

5. 동물도 먹을 수 있게 되었습니다.

이것은 하나님께서 식량 문제 해결을 위한 방편으로 허락하신 것 같습니다. 남극이나 북극에 살고 있는 사람들은 식물은 전혀 먹지 못하고 동물과 물고기만을 잡아먹고 있는데 놀라운 것은 비타민 결핍증이 없다는 것입니다. 극지방의 물고기와 동물 섭취를 통해 충분한 비타민 섭취가 이뤄지기 때문입니다.

- 모든 산 동물은 너희의 먹을 것이 될지라 채소 같이 내가 이것을 다 너희에게 주노라(창 9:3)

6. 방주로 보이는 배의 모습, 밤낮으로 내린 40일 강우를 상징하는 것으로 보이는 두 개의 4×10칸들, 태양의 모습이 첫 번째 그림에는 찌그러진 모습이고, 네 번째 그림에는 원형으로 바뀜. 새가 방주 앞에 그려져 있음(다른 석판에는 새가 나뭇잎을 물고 나는 조각도 있음), 동물이 쌍쌍이 나옴, 4명의 사람이 그려져 있고 무지개가 있음.

　이것은 과거에 인디언들이 전승을 그림으로 그린 것입니다. 성경의 대홍수 기록과 많은 점이 일치하고 있습니다. 1번에서도 설명되었지만, 이 그림은 물층이론과 연결될 때 더 잘 설명될 수 있습니다. 물층이 있을 때 태양을 본 것과 물층이 파괴된 이후 태양을 봤을 때 모양이 달리 보였을 것입니다. 무지개에 대한 강조도 물층이론과 연결됩니다. 대홍수 이전 물층 환경에서는 무지개가 없었기 때문에 대홍수 이후 무지개를 처음 보았을 것이고, 그것도 하나님의 약속의 말씀과 함께 보았기 때문에 무지개가 강조되지 않았을까 생각합니다.

과학이 성경으로 열린다

10 하나님의 은혜, 성경과 과학

중요요점

1. 성경과 과학이 갈등한다고 생각하는 것은 성경을 잘 이해하지 못하거나 과학이 잘못된 정보를 주기 때문임
2. 성경은 하나님의 말씀으로 인간의 지성과 능력을 초월하며 지금의 과학 수준으로는 이해할 수 있지만 과거에는 이해할 수 없는 많은 과학적 내용들이 담겨져 있음
3. 지구와 우주의 연대가 길다는 주장은 성경 말씀에 근거한 연대와 조화될 수 없으며, 과학적인 증거들은 매우 젊은 지구와 우주라는 것을 지지함

1. 가장 중요한 이유는 진화론 때문입니다.

　　진화론으로 인해 창조 등이 부인되기 때문에 성경과 과학은 갈등을 일으키는 것이라고 오해하고 있습니다. 성경보다 과학을 절대적으로 신뢰하는 인본주의적 풍토에서 당연한 것인지도 모릅니다. 또한 교회에서도 기독교의 진리와 삶을 이원화시켜 가르치는 경향이

있습니다. 신앙생활은 교회에서만 지키는 것으로 국한시키는 이원론은 얼핏 생각하면 성경과 과학의 갈등을 해소하는 것 같지만 사실상 그 갈등을 인정하는 것밖에 안 됩니다. 하나님께서 모든 만물을 창조하셨기 대문에 과학이 성경과 갈등을 일으킬 수는 없습니다. 어떻게 하나님의 질서를 밝히는 것과 하나님의 진리의 말씀이 갈등을 일으키겠습니까? 성경 말씀을 신뢰하면 잘못된 과학적 해석을 바로 잡을 수 있습니다.

2. 약 4000년 전에 기록된 욥기에 지구(땅)가 허공에 달려 있다고 되어 있고, 약 2700년 전 기록된 이사야서에서는 지구가 둥글다고 표현되어 있습니다. 지구가 둥글고, 허공에 떠 있다는 것은 그 당시 사람들이 이해할 수 있었을까요? 성경은 사람의 생각이 아닌 하나님의 말씀이기 때문에 이런 기록이 가능한 것입니다.

- 그는 북쪽을 허공에 펴시며 땅을 아무것도 없는 곳에 매다시며(욥 26:7)
- 그는 땅 위 궁창에 앉으시나니 땅에 사는 사람들은 메뚜기 같으니라 그가 하늘을 차일 같이 펴셨으며 거주할 천막 같이 치셨고(사 40:22, 여기서 궁창은 둥글다는 의미입니다.)

3. 하마(히. 베헤모트), 악어(히. 리브야탄) 등
   악어는 리워야단이라고 번역되는 경우도 많습니다. 악어는 뱀, 리워야단, 용 등의 표현과 같은 것으로 사단 또는 사단의 대리자로서의 상징으로 성경에는 표현되어 있습니다. 욥기에 "모든 교만한 것의 왕"이라고 표현되어 있는 것도 유사합니다. 그러나 동시에 리워야단은 영적인 존재가 아닌 실제로 존재하는 동물이었을 것입니다. '용'이라는 상상의 동물은 사실상 리워야단을 우상시해서 그려진 것일 가능성이 높습니다. 베헤모트나 리브야탄 모두 엄청나게 거대하고, 사람도 감히 건드릴 수 없는 힘을 가진 동물로 욥기는 표현하고 있습니다. 하나님께서 욥에게 나타나셔서 하나님이 창조하신 각종 동물들을 이야기하면서 욥의 부족함을 꾸짖으실 때 욥은 그저 입을 다물겠다고 반응합니다. 그런데 하나님께서 베헤모트와 리브야탄에 대하여 말씀하시니까 욥이 회개를 합니다. 사람을 제압할 수도 있는 이런 거대한 동물들이 사람을 해치지 못하는 유일한 이유가 바로 하나님께서 제어하시기 때문이라는 것을 욥이 다시 깨달은 것이 하나님께 회개하게 된 한 이유가 아닌가 생각합니다.

- 이제 소 같이 풀을 먹는 베헤못을 볼지어다 내가 너를 지은 것 같이 그것도 지었느니라 41:1 네가 낚시로 리워야단을 끌어낼 수 있겠느냐 노끈으로 그 혀를 맬 수 있겠느냐(욥 40:15~41:1)

4. 다스리는 관계입니다.

즉, 동물들을 돌보는 청지기의 사명이 있습니다. 가축처럼 돌보는 경우도 있지만, 야생동물들이 잘 살 수 있도록 환경을 보존하는 것도 중요한 역할일 것입니다. 노아는 동물들을 방주에 태워 구원하는 역할을 감당했습니다. 처음 동물들이 창조되었을 때 그 이름을 지은 것은 하나님이 아니라 아담이었습니다. 그것은 하나님께서 인간에게 땅(동물들도 포함하여)을 다스리도록 하셨기 때문입니다.

- 하나님이 그들에게 복을 주시며 하나님이 그들에게 이르시되 생육하고 번성하여 땅에 충만하라, 땅을 정복하라, 바다의 물고기와 하늘의 새와 땅에 움직이는 모든 생물을 다스리라 하시니라(창 1:28)

이름을 부여하는 위치
- 아담이 모든 가축과 공중의 새와 들의 모든 짐승에게 이름을 주니라(창 2:20)

방주에 태워 구원하는 관계
- 정결한 짐승과 부정한 짐승과 새와 땅에 기는 모든 것은 9 하나님이 노아에게 명하신 대로 암수 둘씩 노아에게 나아와 방주로 들어갔으며(창 7:8-9)

두려워하고 무서워함
- 땅의 모든 짐승과 공중의 모든 새와 땅에 기는 모든 것과 바다의 모든 물고기가 너희를 두려워하며 너희를 무서워하리니 이것들은 너희의 손에 붙였음이니라(창 9:2)

5. 모든 것이 과학의 대상이 될 수 있습니다.

공중의 새, 바다의 어족 등 하나님이 창조하신 새들과 물고기들을 과학적으로 조사할 수 있습니다. 그런데 이 말씀에서 특히 해로(바닷길, 개역한글판)의 경우 매튜 머레이가 이 말씀을 보고 실제 해로를 발견하게 되었습니다. 성경에 해로가 있다고 하니 분명히 바다에 길이 있다고 생각하고 연구하여 발견하게 된 것입니다.

- 공중의 새와 바다의 물고기와 바닷길(海路)에 다니는 것이니이다(시 8:8)

6. 성경적 시각에서 보면 하나님이 설계하신 DNA에 쓸 데 없는 쓰레기 DNA 95%나 있다는 것은 말이 안 됩니다.

하나님이 창조하신 완벽한 유전 정보 설계가 지금은 많이 손상이 되었겠지만 그렇다고 쓰레기 DNA가 95%가 될 수는 없습니다. 이것은 과학자들의 오만입니다. 기능을 모른다고 해야지 쓰레기 DNA라고 부를 수는 없는 것입니다.

실제로 이후 연구를 통해 쓰레기 DNA가 아니고 유전 정보 조절 기능을 하고 있다는 것이 밝혀지고 있습니다. 또한 박테리아와 일부 같은 유전자가 있다는 것은 단지 기능이 같은 유전자가 있다는 것뿐이지 진화하고는 상관없는 것을 진화론의 시각에서 해석한 것뿐입니다.

7. 겉으로 볼 때는 흰 양인 것 같지만 사실은 얼룩지고 아롱진 유전자를 가진 양들이 교배를 했고, 그 결과 그런 양들이 태어난 것입니다. 물론 하나님께서는 유전 정보를 바꾸셔서 그렇게 하실 수도 있겠지만,

야곱의 꿈을 통해 보여 주신 것은 열성인자를 가진 양들을 통해 얼룩지고 아롱진 양들이 많이 태어나도록 하신 것입니다. 유전 법칙으로 보면 정상적인 흰 양이 많이 태어나고 열성인자끼리 결합해야만 생길 수 있는 얼룩지고 아롱진 양은 적게 태어나야 하는데, 하나님의 은혜로 열성인자를 가진 양들이 대거 태어나게 된 것입니다. 일반적인 멘델의 유전 법칙으로 따지만 겉으로는 우성인데 유전 정보로는 우성인자와 열성인자를 함께 가진 것끼리 교배를 하면 그 자손은 3:1로 우성이 많이 태어나게 되어 있습니다. 라반은 얼룩지고 아롱진 것들이 많이 태어나기 때문에 처음에는 흰 양이 아닌 것을 모두 가지라고 했다가 어떨 때는 얼룩진 것만, 어떨 때는 아롱진 것만 가지라고 하는 등 품삯을 열 번이나 바꿨습니다(창 31:8). 그런데 하나님께서 그때마다 라반이 지정한 것이 많이 태어나도록 하신 것입니다. 야곱의 꿈에 양떼를 탄 수양은 모두 얼룩무늬 있는 것, 점 있는 것, 아롱진 것이었습니다(창 31:10). 즉, 겉으로 볼 때는 흰 양이지만 유전 정보에는 바로 이런 열성인자들이 있었고, 일반적인 유전 법칙과 달리 열성인자를 가진 양들이 더 많이 태어난 것입니다.

8. 믿음(3과의 3번 문제 참조)

- 믿음으로 모든 세계가 하나님의 말씀으로 지어진 줄을 우리가 아나니 보이는 것은 나타난 것으로 말미암아 된 것이 아니니라(히 11:3)

9. 아담 이후 2000여 년 정도 됩니다(창 5:, 11:). 창세기 5장과 11장의 족보에서 노아가 셋을 언제 낳았는지, 데라가 아브람을 언제 낳았는지 성경이 정확하게 기록하고 있지 않지만 노아가 503세에 셈을 낳았고(창 11:10 셈이 홍수 후 2년에 일백세이므로), 데라가 130세에 아브람을 낳은 것으로 해석되어지기 때문에(창 11:32 데라 205세 죽음, 창 12:4 아브람이 하란을 떠날 때 75세, 행 7:2 아브라함이 하란에 거하다가 아비가 죽으며 이 땅(가나안)으로 옮김, 따라서 데라는 아브라함을 130세에 낳았음), 아브람이 태어난 해가 아담 연대기로 2009년으로 계산됩니다. 그러면 아담 이후 연대를 B.C. 연대로 계산할 수 있습니다. 열왕기상에 기록된 솔로몬 왕의 즉위 년도가 역사적으로 B.C. 970년으로 알려져 있는데, 열왕기상 6장 1절에 솔로몬 왕의 성전건축 연도가 출애굽 후 480년으로 솔로몬이 왕이 된 지 4년으로 기록되어 있습니다. 이스라엘 민족이 애굽에 거주한 것이 430년(출 12:40)이라고 하니 야곱이 애굽에 들어간 때를 B.C. 1876년으로 해석할 수 있습니다(B.C. 970 -4+480+430).

이때 야곱이 바로 앞에서 자신의 나이가 130년이라고 말합니다. 아브라함이 이삭을 100세에 낳았고, 이삭 60세에 야곱을 낳았으므로 이런 해석으로 아브라함은 B.C. 2166년에 태어난 것이 됩니다. 물론 이 연대 계산은 몇 가지 제한점을 갖고 있습니다. 태어난 해가 1월인지, 12월인지 분명치 않기 때문에 전체 족보에서 보면 20년 정도의 오차가 생길 가능성이 있습니다(아담으로부터 아브라함이 20대손이므로).

또한 셈의 나이도 고려해야 합니다. 홍수 후 2년을 홍수 시작으로 생각하면 1년이 줄어듭니다. 또한 몇 가지 성경 해석의 차이는 이런 연대 계산에 차이를 가져오게 됩니다(창조시기 B.C. 4175).

성경 해석에 따라 창조 시기를 B.C. 6984년으로 계산한 주장부터 B.C. 3616년으로 계산한 결과까지 다양합니다. 그러나 7천년을 넘는 것으로 해석된 적은 없습니다. 유명한 어셔 주교의 연대 계산은 B.C. 4004년을 창조 시점으로 계산하는데 위의 B.C. 4175년과 차이가 있습니다(아브람이 태어난 때가 아담 이후 2009년, 이 때가 B.C. 2166년이면 B.C. 4175년이 됨). 가장 큰 차이는 애굽에서의 430년의 기간을 어셔 주교는 아브라함이 하란을 떠나는 때부터로 생각했고(갈 3:16), 위의 계산은 야곱이 130세에 애굽으로 이주한 것으로 계산하였고, 솔로몬 즉위 연대도 차이가 있기 때문에 두 연대 계산에서 차이가 발행하게 됩니다. 따라서 성경을 근거로 연대를 계산하여 정확히 B.C. 몇 년인지를 알 수 없습니다. 그러나 성경을 근거로 창조 이후 연대가 결코 오래되지 않았음을 명확하게 보여 주고 있습니다.

10. 지금의 우주는 해와 달과 별들이 포함되지만 처음 창조의 순서에서는 해와 달과 별들은 넷째 날 창조되었고(창 1:14,16), 해와 달과 별들이 존재할 수 있는 우주, 또는 우주 공간은 첫째 날 창조되었습니다(창 1:1).

창세기 1장 1절 말씀은 전체 창조를 대표하는 말씀이기도 하지만 구체적으로 하늘과 땅을 창조하신 것으로 해석하는 것이 맞을 것 같습니다. 왜냐하면 다음 2절에 이미 땅이 언급되고, 물(수면)이 언급되기 때문입니다. 또한 물이 모이면서 뭍이 드러납니다(창 1:9). 따라서 땅은 물로 덮여 있다 물이 모이면서 땅이 드러난 것으로 해석되어지고, 1장 1절의 천지를 창조하시니라는 말씀을 하늘과 땅을 창조하신 것으로 해석하는 것이 더 논리적입니다. 여기서 하늘은 물론 우주도 포함됩니다.

- 하나님이 이르시되 하늘의 궁창에 광명체들이 있어 낮과 밤을 나뉘게 하고 그것들로 징조와 계절과 날과 해를 이루게 하라 16 하나님이 두 큰 광명체를 만드사 큰 광명체로 낮을 주관하게 하시고 작은 광명체로 밤을 주관하게 하시며 또 별들을 만드시고(창 1:14,16)
- 태초에 하나님이 천지를 창조하시니라(창 1:1)

11. 해와 달과 별 등이 창조되기 전에 지구를 비추는 빛이 첫째 날 먼저 창조되었습니다(창 1:3-5). 이 빛은 해와 달과 별들이 만든 빛이 아니라 하나님의 명령에 따라 우주에 있는 물질들이 빛을 낸 것이라고 생각합니다. 어떤 기전에 의해 빛이 생겼는지는 모르지만 하나님께서는 빛이 있게 하셨고, 그 빛으로 지구에 저녁이 되고 아침이 될 수 있었습니다. 그렇다면 그 빛은 지금의 태양처럼 한 쪽에서 크게 비쳐지고 있었을 것입니다. 창세기 1장 16절에 낮과 밤을 각각 큰 광명과 작은 광명이 주관하게 하신다고 기록되어 있는 것은 낮과 밤에 태양과 같은 큰 빛과 달과 같은 작은 빛, 별과 같은 작은 빛들이 이미 존재하였고, 해와 달과 별들은 각각 이미 존재하는 빛을 대신해서 그 역할을 할 수 있도록 된 것으로 해석할 수 있습니다.

참고 : 수억 광년 떨어져 있는 별이 존재하는 우주의 크기와 젊은 연

대를 조화시키기 위해 여러 가지 과학적인 이론이 제시되고 있습니다. 예를 들어 빛의 속도가 차츰 감소되고 있기 때문에 과거에는 무한대의 속도를 가질 수 있다는 주장입니다. 빛의 속도가 불변하다는 생각은 이미 깨어졌기 때문에 가능성이 없는 것도 아니지만, 현재 빛이 감소되고 있다는 관찰이 뚜렷하지 않기 때문에 과학적인 근거는 미약합니다.

두 번째는 처음부터 우주가 지금과 같은 모양으로 창조되었다는 것입니다 성년 우주 창조론은 현재 관찰되는 우주 확대 등에 대하여 설명할 수 없기 때문에 과학적으로는 취약한 이론입니다.

세 번째는 씨앗우주론입니다. 하나님께서 처음 창조하신 우주가 펼쳐지면서 현재와 같은 우주가 되었다는 것입니다. 이사야서 등에서도 하나님께서 우주를 펼치셨다는 말씀들이 나오기 때문에 우주 확장 등도 함께 설명할 수 있는 이론이 될 수 있습니다.

그런데 반드시 고려해야 할 점은 현재 우리가 보고 있는 우주는 인간이 범죄함 이후이기 때문에 우주의 진정한 초기 상태를 알 수 없다는 한계가 있습니다. 또한 양자역학적으로 정보가 공간의 제한을 받지 않는 것을 알고 있는 이 시대에 하나님께서 공간과 시간의 제한을 받지 않고 창조하신 우주의 크기가 우주가 얼마나 오래 되었느냐 하고는 상관이 없다는 것은 충분히 가능한 일입니다.

- 하나님이 이르시되 빛이 있으라 하시니 빛이 있었고 4 빛이 하나님이 보시기에 좋았더라 하나님이 빛과 어둠을 나누사 5 하나님이 빛을 낮이라 부르시고 어둠을 밤이라 부르시니라 저녁이 되고 아침이 되니 이는 첫째 날이니라(창 1:3-5)

12. 사람을 위해 하늘과 땅을 창조하셨습니다.
- 대저 여호와께서 이같이 말씀하시되 하늘을 창조하신 이 그는 하나님이시니 그가 땅을 지으시고 그것을 만드셨으며 그것을 견고하게 하시되 혼돈하게 창조하지 아니하시고 사람이 거주하게 그것을 지으셨으니 나는 여호와라 나 외에 다른 이가 없느니라(사 45:18)

우리가 하늘의 달과 별들을 보면 하나님께서 우리를 생각하시고 권고하심(돌보심)을 알 수 있습니다.
- 주의 손가락으로 만드신 주의 하늘과 주께서 베풀어 두신 달과 별들을 내가 보오니 4 사람이 무엇이기에 주께서 그를 생각하시며 인자가 무엇이기에 주께서 그를 돌보시나이까(시 8:3-4)

하늘이 하나님의 영광을 나타내는 것은 우주를 연구할수록 고백할 수밖에 없는 것입니다. 현대 과학으로도 설명할 수 없는 놀라운 것으로 우주는 가득 차 있기 때문입니다. 우주가 젊은데도 불구하고 측정할 수 없을 정도로 크며, 단순히 큰 것이 아니라 거대한 구조물처럼 형성되어 있다는 것을 비롯하여 은하계의 중심에 은하를 묶을 수 있는 어떤 물질도 없다는 점(과학자들은 암흑 물질이라고 부르는데, 사실은 모른다는 이야기입니다), 무엇보다도 우주 전체가 정교한 설계를 보여 주고 있다는 점입니다.

- 하늘이 하나님의 영광을 선포하고 궁창이 그의 손으로 하신 일을 나타내는도다(시 19:1).

13. 세상에서 믿음을 볼 수 있을지에 대하여 질문하셨습니다(눅 18:8).
　　세상이 창조된 후 수천 년밖에 지나지 않았고, 대홍수의 심판을 경험한 것도 4천여 년 밖에 지나지 않았고, 예수님의 십자가 사건이 2천 년 밖에 지나지 않았지만 예수님이 재림하실 때 진정으로 예수님의 재림을 기대하는 사람은 몇 명이나 될까요?

- 내가 너희에게 이르노니 속히 그 원한을 풀어 주시리라 그러나 인자가 올 때에 세상에서 믿음을 보겠느냐 하시니라(눅 18:8).

14. 예수님의 재림이 언제인지는 아무도 모릅니다. 많은 사람들이 예수님이 재림하시더라도 멸망당할 때까지 깨닫지 못할 것입니다. 이처럼 예수님의 재림 때는 하나님에 대한 두려움이 없이 불법이 흥하고, 하나님을 모르는 것을 당연시 여기는 풍토가 만연할 것입니다.

- 그러나 그 날과 그 때는 아무도 모르나니 하늘의 천사들도, 아들도 모르고 오직 아버지만 아시느니라 37 노아의 때와 같이 인자의 임함도 그러하리라 38 홍수 전에 노아가 방주에 들어가던 날까지 사람들이 먹고 마시고 장가 들고 시집 가고 있으면서 39 홍수가 나서

그들을 다 멸하기까지 깨닫지 못하였으니 인자의 임함도 이와 같으리라(마 24:36-39)

따라서 그리스도인들은 깨어 있으면서 충성되고 지혜있는 종으로 살도록 말씀하셨습니다. 생각지 않은 때에 오신다는 것은 그리스도인들 역시 깨어 있는 것이 쉽지 않다고 말씀하시는 것 같습니다.

- 그러므로 깨어 있으라 어느 날에 너희 주가 임할는지 너희가 알지 못함이니라 43 너희도 아는 바니 만일 집 주인이 도둑이 어느 시각에 올 줄을 알았더라면 깨어 있어 그 집을 뚫지 못하게 하였으리라 44 이러므로 너희도 준비하고 있으라 생각하지 않은 때에 인자가 오리라 45 충성되고 지혜 있는 종이 되어 주인에게 그 집 사람들을 맡아 때를 따라 양식을 나눠 줄 자가 누구냐 46 주인이 올 때에 그 종이 이렇게 하는 것을 보면 그 종이 복이 있으리로다(마 24:42-46)

| 본서를 활용하기 위해서 |

- 창조과학 기초과정, 고급과정, 사역자과정, 지도자과정 등을 통해 동역자들과 함께 훈련받으시길 바랍니다.

- 이 교재를 통해 제자들을 양성하여 복음 증거의 일군들이 배가 되는 열매를 맺으시길 바랍니다.

- 부족한 부분은 계속 수정해 가면서, 선교사역에 사용할 수 있도록 각국의 언어로 번역되도록 기도해 주십시오.